RECLAMACIÓN JUDICIAL DE DEUDAS INTERNACIONALES DENTRO DE LA UNIÓN EUROPEA

Publicación realizada en el marco de las ayudas al estímulo de la transferencia e intercambio de conocimiento 2023 de la Universidad Miguel Hernández de Elche (Alicante)-España. Programa Difunde: código línea de ayuda 05-542-4-2023-0046.

© Editorial Colex, S.L.
Calle Costa Rica, número 5, 3º B (local comercial)
A Coruña, C.P. 15004
info@colex.es
www.colex.es

I.S.B.N.: 978-84-1194-191-4
Depósito legal: C 1800-2023

RECLAMACIÓN JUDICIAL DE DEUDAS INTERNACIONALES DENTRO DE LA UNIÓN EUROPEA

Alfonso Ortega Giménez

COLEX 2023

SUMARIO

3

TUTELA DECLARATIVA DEL CRÉDITO: PROCEDIMIENTO EUROPEO DE ESCASA CUANTÍA Y PROCEDIMIENTO MONITORIO EUROPEO

NOTA SOBRE EL AUTOR

Alfonso Ortega Giménez

Doctor Honoris Causa por la Universidad Autónoma San Sebastián de San Lorenzo-UASS, en la ciudad de San Lorenzo (Paraguay), a 6 de diciembre de 2022; **Doctor Honoris Causa** por la Universidad Autónoma San Sebastián de San Lorenzo (Paraguay, 2022) y por el Instituto Interamericano de Investigación y Docencia en Derechos Humanos, en la Universidad Juárez Autónoma de Tabasco (México, 2021); **Doctor en Derecho**, 2014 (Calificación: Sobresaliente *Cum Laude* por unanimidad); Premio extraordinario de Doctorado, 2018; Licenciado en Derecho, 2000; y, **Master en Comercio Internacional** también por la Universidad de Alicante, 2001.

Profesor Titular de Derecho internacional privado de la Universidad Miguel Hernández de Elche. Director del Observatorio Provincial de la Inmigración de Alicante. Vicedecano de Grado en Derecho de la Facultad de Ciencias Sociales y Jurídicas de Elche. Director del Máster Universitario en Abogacía de la Universidad Miguel Hernández (UMH) de Elche, desde el curso académico 2021/2022. **Director de la Cátedra de Relaciones Privadas Internacionales UMH-ICAO de la Universidad Miguel Hernández de Elche**, desde marzo de 2022. También es **Magistrado Suplente de la Audiencia Provincial de Castellón** (según Acuerdo de 11 de agosto de 2022, de la Comisión Permanente del Consejo General del Poder Judicial, por el que se resuelve el concurso para provisión de plazas de Magistrado/a suplente y de Juez/a sustituto/a en el año 2022/2023, en el ámbito de los Tribunales Superiores de Justicia de Andalucía, Ceuta y Melilla, Aragón, Principado de Asturias, Illes Balears, Canarias, Cantabria, Castilla y León, Castilla-La Mancha, Cataluña, Comunidad Valenciana, Extremadura, Galicia, Comunidad de Madrid, Región de Murcia, Comunidad Foral de Navarra, País Vasco y La Rioja, convocado por Acuerdo de 17 de marzo de 2022). Publicado en el BOE número 205, Sección II.A., página 120569, de fecha viernes, 26 de agosto de 2022. **Visitante ilustre de la Universidad de San Lorenzo (Paraguay). Académico de Honor de la Academia Internacional de Ciencias, Tecnología, Educación y Humanidades, desde 2018, y Vocal del Observatorio Valenciano de la Inmigración. Socio-Director de COEX International Trade,** ***Spin-Off***

de la Universidad Miguel Hernández de Elche, que se dedica al Asesoramiento, Consultoría y Formación en Internacionalización de la Empresa y Planificación Jurídica Internacional.

Es Consultor de Derecho internacional privado de la Universitat Oberta de Catalunya (UOC), desde el segundo semestre del curso académico 2008/2009, y **Consejero académico del despacho de Abogados ARA Y ASOCIADOS, con sede principal en Alicante y oficinas en Murcia, Madrid y Beijing (China) y de la Asesoría GRUPO ASESOR ROS, con sede en Elche.**

Reconocidos dos Sexenios de Investigación correspondientes al tramo 2002-2007 CNEAI (Fecha concesión: 23/10/19), al tramo 2009-2017 CNEAI (Fecha concesión: 21/06/18) y al tramo 2010-2016. AVAP (Fecha concesión: 18/01/18).

Miembro de la Asociación para la Docencia e Innovación en Derecho (Ludoteca Jurídica), desde julio de 2021. Miembro de la Asociación de Política Exterior Española. Miembro de la Asociación de Derecho del Arte (ADA). Miembro de Número del Capítulo Reino de España, otorgado por la Academia Norte-Americana de Literatura Moderna Internacional y por la Junta Directiva del Estado de New Jersey (EE.UU.). Miembro del ELI *(European Law Institute)*. Miembro de la Red Española de Política Social-REPS. Miembro de la Sociedad Latinoamericana de Derecho Internacional-SLADI. Miembro de la Asociación Americana de Derecho Internacional Privado-ASADIP. Miembro de número de la Asociación Española de Profesores de Derecho Internacional y Relaciones Internacionales-AEPDIRI; Miembro de la Asociación Española para el Fomento de la Seguridad de la Información-ISMS Forum Spain; Ha sido Vicepresidente de la Asociación del Master en Comercio Internacional de la Universidad de Alicante-AMCI hasta julio 2018; Miembro de la Asociación Española para el Estudio del Derecho Europeo-AEDEUR; Miembro de la Asociación Castellano-Manchega de Sociología-ACMS. Miembro de la Asociación Española de Derecho del Entretenimiento- DENAE. Miembro del Instituto de Derecho Iberoamericano-IDIBE.

Ha recibido numerosos premios en docencia e investigación: Visitante Ilustre de la Universidad San Lorenzo (UNISAL), otorgado por el Consejo Académico mediante Resolución N.° 110/2022-CSU, en Paraguay, a 5 de diciembre de 2022. Premio «INSTITUTO VASCO DE DERECHO PROCESAL» de Artículos Doctrinales sobre el fomento del estudio del Derecho Procesal, en su XII Edición por el trabajo inédito titulado «Resolución de problemas de competencia judicial internacional y de determinación de la ley aplicable en materia de derechos reales en España», en San Sebastián (País Vasco), 11 de octubre de 2022. Premio en la convocatoria de «Premios UMH al Talento Docente» para el año 2021, dentro de la rama académica de Ciencias Sociales, Jurídicas y Humanidades, por Resolución Rectoral n.° 04858/21, de fecha 23 de noviembre de 2021, en el marco del PROGRAMA DOCENTIA-UMH, aprobadas por el Consejo de Gobierno de la Universidad Miguel Hernández de Elche, en sesión de 14 de diciembre de 2020, en Elche, a 02 de diciembre de 2021.

Ganador *ex-aequo* en la categoría «Aula responde» del XVIII del Certamen Innova-Emprende de la Universidad Miguel Hernández de Elche, en Elche, a 1 de julio de 2021. Premio en el I Certamen de Artículos Jurídicos Breves del Derecho del Entretenimiento y Tecnologías de la información, organizado por la Asociación Española de Derecho del Entretenimiento —DENAE—, por el artículo «Los "contratos inteligentes" (Smart Contracts) ni son "contratos" ni son "inteligentes"», en Madrid, a 24 de junio de 2020. Premio «Instituto Vasco de Derecho Procesal» en su IX Edición, por el trabajo «La alegación y prueba del Derecho extranjero tras la nueva Ley de Cooperación Jurídica Internacional», en Donostia-San Sebastián, a 29 de noviembre de 2019. Cruz al Mérito, en virtud de su destacada y meritoria labor académica y científica profesional, acordado por la Junta de Gobierno de la Academia Internacional de Ciencias, Tecnología, Educación y Humanidades, en Valencia, a 9 de noviembre de 2019. Reconocimiento al Mérito Universitario, en virtud de su destacada y meritoria labor académica y científica profesional, acordado por la Junta de Gobierno de la Academia Internacional de Ciencias, Tecnología, Educación y Humanidades, en Valencia, a 9 de noviembre de 2019. Premio a la excelencia en la práctica jurídica de Economist & Jurist, en Madrid, 3 de diciembre de 2018. Premio UMH 2018 a la Productividad Investigadora, otorgado por el Vicerrector de Investigación e Innovación de la Universidad Miguel Hernández de Elche. Premio UMH 2017 a la Productividad Investigadora, otorgado por el Consejo de Gobierno de la Universidad Miguel Hernández de Elche. Premio «Investigación» en la modalidad de «Jóvenes Investigadores» 2017. Premio UMH al Talento Docente 2017. Premio «Investigación» en la modalidad de «Jóvenes Investigadores» 2016. Premio UMH 2016 a la Productividad Investigadora. Premio a la excelencia en la Práctica Jurídica de ISDE 2016. Premio Joven Investigador por el Consejo Social de la Universidad Miguel Hernández de Elche (XII edición). Premio al profesional de Comercio exterior del año 2016, otorgado por la Asociación Española de Profesionales de Comercio Exterior a las empresas (ACOCEX) y BANKIA. Premio «INSTITUTO VASCO DE DERECHO PROCESAL» en su V Edición (Premio de Artículos Doctrinales sobre el fomento del estudio del Derecho Procesal), en el año 2015. Premio UMH 2015 a la productividad investigadora. Premio UMH 2014 a la productividad investigadora. Premio Santander al mejor Ensayo Corto convocado por la Red Cátedra Santander de Responsabilidad Social Corporativa (Convocatoria 2015). Primer accésit de la XII edición del Premio de Ensayo Breve de la Asociación Castellano-Manchega de Sociología «Fermín Caballero»; V Premio Jurídico Internacional Instituto Superior de Derecho y Economía (ISDE); Accésit en la categoría de «Investigación» de la XVIII edición de los «Premios de Protección de Datos 2014» de la Agencia Española de Protección de Datos. Búho de oro al mejor profesor del Curso 2013/2014 de la Escuela Superior de Marketing (ESUMA). Premio UMH al Talento Docente, años 2014, 2017 y 2019.

Ponente habitual en numerosos cursos organizados en España y en el extranjero en materia de Derecho internacional privado, Derecho de la nacionalidad, Derecho de extranjería, Derecho del comercio internacional, Contratación internacional y Protección de datos de carácter personal, entre otros. Ha dirigido infinidad de TFG y TFM y dos Tesis doctorales.

Autor de diferentes artículos, notas, recensiones y comentarios relacionados con dichas materias publicados en Revistas científicas, técnicas y de divulgación, españolas y extranjeras; **ha participado, como autor, coautor, director y/o coordinador en más de 225 libros**.

INTRODUCCIÓN

En los últimos años el panorama económico internacional se ha vuelto muy complejo. La globalización ha ido conectando cada vez más a las economías de los principales países del mundo generándose un gran crecimiento en lo referente a las relaciones comerciales internacionales. La interconexión entre países unido a la facilidad con que se mueven los productos y los capitales hacen casi imposible que un país pueda aislarse de las corrientes internacionales y actuar sin tener en cuenta lo que pasa en el resto del mundo.

El funcionamiento de las empresas va cambiando constantemente para adaptarse a esta nueva realidad, es así como muchas empresas se ven obligadas a operar en función de estrategias mundiales, por este motivo han tenido que fortalecer su internacionalización y su cooperación.

La Unión Europea es la primera potencia comercial del mundo con el 16.5 % de las importaciones y exportaciones mundiales. El libre comercio entre sus países miembros es uno de los principios en los que se basa.

De acuerdo con los datos de Eurostat referidos a abril de 2018, las exportaciones de la zona euro crecieron al 3,8 %. El comercio en su interior creció al 5,7 %.

Según el último Barómetro de Prácticas de Pago difundido por Crédito y Caución en Europa, nueve de cada diez empresas experimentan retrasos en el pago de sus facturas B2B, tanto en el mercado doméstico como en la exportación, que afectan al 39 % del valor total de sus operaciones a crédito registrado en 2017, la morosidad alcanzo el 42 % de las operaciones a crédito llegando al 1,3 % de facturas impagadas.

La Encuesta del INE de Indicadores de Confianza Empresarial (Módulo de Opinión sobre Entorno Empresarial), publicada en marzo de 2018, que recoge la opinión de empresas de todos los tamaños y actividades, señala que para las empresas españolas exportadoras o no, la morosidad fue el segundo factor de entorno empresarial más desfavorable para su negocio en 2017, solo por detrás de la fiscalidad.

La morosidad en los créditos comerciales en España alcanza el 44 %, y el 42 % en las operaciones de exportación. La morosidad en España afecta al

90 % de las empresas en doméstico y al 84 % en los mercados exteriores, las principales razones para ello son las mismas que en Europa Occidental: insuficiencia de fondos 53 %, financiación alternativa 28 % y la complejidad del procedimiento de pago 21 %. La morosidad obliga al 30 % de las empresas españolas a posponer sus propios pagos a proveedores y provoca pérdida de ingresos al 17 %. El porcentaje de impago en España es de 1,5 % que sigue siendo uno de los más altos en Europa Occidental.

Bajo este panorama de incertidumbre a la que se enfrentan las empresas dentro y fuera de la Unión Europea, es necesario, para ellas, contar con instrumentos efectivos que faciliten el cobro de los créditos impagados para que no les afecte en el buen funcionamiento de su actividad.

Muchas empresas europeas, hoy día, sufren la presión de tener que aceptar condiciones de pago con plazos mayores de lo que les gustaría. Las consecuencias de no recibir los pagos a tiempo pueden ser graves para las empresas, pueden verse abocados a soportar problemas de liquidez, pérdida de ingresos, impedir su crecimiento e incluso ver amenazada su supervivencia. Bajo este **panorama de incertidumbre a la que se enfrentan las empresas** dentro (y fuera) de la Unión Europea (UE), es necesario, para ellas, contar con **instrumentos jurídicos efectivos que faciliten el cobro de los créditos impagados** para que no les afecte en el buen funcionamiento de su actividad.

Con el fin de satisfacer estas necesidades la UE ha desarrollado dos instrumentos en la vía judicial que facilitan el cobro de los créditos impagados dentro de la Unión Europea que son los siguientes: **el procedimiento europeo de escasa cuantía y el procedimiento monitorio europeo**.

Presentamos una herramienta práctica y pedagógica, que permita enseñarle a las empresas las características, el objeto y el fin de ambos procedimientos, tomando en consideración los formularios que se requieren para poder iniciar en la práctica, de una forma sencilla y ágil, cualquiera de ambos procedimientos[1].

1 La presente Guía práctica se trata de una versión modificada y actualizada de la publicación Ortega Giménez, Alfonso, *El procedimiento monitorio europeo y el de escasa cuantía europeo*, Editorial Tirant lo Blanch, Valencia, 2022.

1

RECLAMACIONES JUDICIALES DENTRO DE LA UNIÓN EUROPEA

1.1. Antecedentes: evolución normativa en materia de tutela del crédito en la Unión Europea

La Unión Europea ha mostrado, desde sus orígenes especial interés por la tutela transfronteriza del crédito, el hecho de que las partes en conflicto estén domiciliadas en distintos Estados miembros, así como los bienes del deudor no estén localizados en el mismo Estado donde se dicta la resolución judicial, genera dificultades para el procedimiento jurisdiccional.

Estos obstáculos han frenado el establecimiento de un espacio sin fronteras, por este motivo **la Unión Europea ha propuesto entre sus objetivos el establecimiento de un espacio de libertad, seguridad y justicia** que minore las dificultades que conlleva el cobro transfronterizo de deudas y que el carácter transfronterizo de los litigios no sea un factor disuasorio para la reclamación de los créditos dentro de la propia Unión Europea.

1.2. La armonización de la tutela del crédito de Europa

Para superar los problemas que origina la diversidad de los distintos sistemas jurisdiccionales, **parte de la doctrina apuesta por la armonización**, en sentido estricto, de las normas procesales internas. Dicha armonización o aproximación puede producirse de dos maneras: por un lado, **mediante Directivas** que dan lugar a la armonización en sentido estricto y, por otro lado, **mediante Reglamentos** que establezcan procedimientos europeos uniformes.

Existen otros elementos que, también, inciden en la armonización o aproximación de los ordenamientos procesales nacionales que son los **formularios** necesarios para tramitar los nuevos procedimientos europeos de tutela del crédito. Con estos formularios se consigue que el procedimiento en cuestión sea más rápido, más sencillo y más económico.

De esta manera se simplifican, se aceleran y se reducen los costes que conlleva la litigación en asuntos transfronterizos, estrechándose así las relaciones entre los distintos Estados miembros, a ello contribuye el hecho de que estos formularios cuenten con la ventaja de permitir la tramitación informatizada del procedimiento, lo cual es posible gracias al Portal Europeo de e- justicia.

1.3. Competencia judicial, reconocimiento y ejecución de resoluciones judiciales en materia civil y mercantil

El 27 de septiembre de 1968 fue firmado en Bruselas el *Convenio relativo a la competencia judicial, el reconocimiento y la ejecución de resoluciones judiciales en materia civil y mercantil*, «Convenio de Bruselas», siendo la primera norma de la Unión Europea en materia de reconocimiento y ejecución de resoluciones judiciales (y extrajudiciales). Es considerada la primera norma de armonización en materia del proceso civil, al tratarse de una norma general que incluye la tutela del crédito. Las dificultades que planteaba el Convenio de Bruselas en la práctica motivó la necesidad de un Grupo de trabajo ad hoc para elaborar un texto convencional reformado.

Finalmente, y con base al artículo 65 del Tratado Constitutivo de la Comunidad Europea (actual artículo 81 del TFUE) *(TOL3.711.558)*, se aprobó el *Reglamento n.º* 44/2001 del concejo, de 22 de diciembre de 2000, relativo a la competencia judicial, el reconocimiento y la ejecución de resoluciones judiciales en materia civil y mercantil (TOL 173.296), también conocido como «Bruselas I», con este Reglamento no es necesario la celebración de nuevos Tratados de adhesión, conforme se vayan incorporando nuevos Estados a la Unión Europea y se logra la uniformidad en la aplicación temporal, así como la claridad en el ámbito territorial.

El Reglamento de «Bruselas I», también, contiene normas de competencia judicial internacional, cuya función consiste en determinar a los tribunales del Estado competente para conocer de un asunto o litigio transfronterizo, de esta manera los litigantes sabrán ante los tribunales de qué Estado pueden o deben reclamar la tutela de sus derechos.

Por otro lado, nos encontramos con las normas sobre reconocimiento y «exequátur» de resoluciones judiciales extranjeras. Se utiliza el término «reconocimiento» para referirse a la homologación de sentencias extranjeras cuyo objetivo es desplegar los efectos que le sean propios, es decir eficacia constitutiva pero nunca eficacia ejecutiva, la cual se reserva para el término «exequátur», que solo se refiere a los efectos que produce la ejecución de una sentencia extranjera en un Estado distinto a aquel en el que se dictó.

Con el Reglamento de «Bruselas I» no se elimina el exequátur, pero se simplifica el procedimiento respecto del régimen anterior del Convenio de Bruselas.

1.4. El reglamento (UE) 1215/2012 («Bruselas I bis»)

Con la finalidad de mejorar la aplicación de algunas de las disposiciones del Reglamento de «Bruselas I» y el acceso a la justicia, así como facilitar en mayor medida la libre circulación de resoluciones judiciales, se ha llevado a cabo su revisión. Como resultado final, el 20 de diciembre de 2012, se ha publicado en el DOUE el *Reglamento (UE) n.º* 1215/2012 del Parlamento Europeo y del Concejo de 12 de diciembre de 2012, relativo a la competencia judicial, al reconocimiento y a la ejecución de resoluciones judiciales en materia civil y mercantil, Reglamento de «Bruselas I bis» *(TOL2.701.212)*. Por lo que, el Reglamento de «Bruselas I» queda derogado, siendo de aplicación el nuevo Reglamento a las acciones judiciales ejercitadas, a los documentos públicos formalizados o registrados oficialmente y a las transacciones judiciales.

Una de las grandes novedades que se ha intentado conseguir con este nuevo instrumento es la supresión del exequátur, pero lo único que se consigue es una supresión aparente ya que a pesar de que no se necesite un procedimiento especial para obtener la declaración de ejecutividad en el Estado miembro de ejecución se mantiene un control muy riguroso.

Respecto de la relación del Reglamento de «Bruselas I bis» con otros instrumentos el **artículo 67** de su regulación establece que *no prejuzgará la aplicación de las disposiciones que, en materias particulares, regulan la competencia judicial el reconocimiento o la ejecución de las resoluciones contenidas en los actos de la Unión o en las legislaciones nacionales armonizadas en ejecución de dichos actos*, por tanto el Reglamento del proceso monitorio europeo y el Reglamento del proceso europeo de escasa cuantía no se verán afectados por este instrumento ya que estos regulan unos procedimientos europeos uniformes, cuya resolución final goza de fuerza ejecutiva directa en cualquier Estado miembro, sin necesidad de declaración de ejecutividad y sin posibilidad de impugnar su reconocimiento.

2

CREACIÓN DE UN DERECHO PROCESAL EUROPEO: INSTRUMENTOS PROCESALES Y PROCEDIMIENTOS EUROPEOS

La armonización de las normas procesales civiles en la Unión Europea ha supuesto el establecimiento de procesos europeos cuya peculiaridad es su carácter uniforme para todo el territorio de la Unión Europea.

El **proceso monitorio europeo** es el primer procedimiento europeo uniforme en materia de tutela del crédito, a este le sigue el **proceso europeo de escasa cuantía** cuyo Reglamento no regula un procedimiento completo, sino que viene a contemplar las previsiones establecidas en las legislaciones nacionales de cada Estado miembro relativo a los litigios de escasa cuantía.

Cuestión distinta es la relativa al Reglamento sobre el título ejecutivo europeo ya que con el mismo se ha creado un instrumento procesal uniforme para los créditos no impagados.

3

TUTELA DECLARATIVA DEL CRÉDITO: PROCEDIMIENTO EUROPEO DE ESCASA CUANTÍA Y PROCEDIMIENTO MONITORIO EUROPEO

3.1. Procedimiento europeo de escasa cuantía

3.1.1. Contexto general

Una de las principales y constantes preocupaciones relacionadas con el funcionamiento de los sistemas de justicia civil y, en particular, con la posibilidad de que los ciudadanos acudan a los tribunales para obtener reparación rápidamente, sin tener que gastar grandes sumas en asesoramiento jurídico, se ha manifestado en el ámbito de las demandas de escasa cuantía, especialmente las interpuestas por particulares contra empresas u otros particulares, en aquellos casos en que el tiempo, el esfuerzo y los costes invertidos pueden ser a menudo manifiestamente desproporcionados a la cuantía de la demanda.

Para resolver este problema, muchos sistemas jurídicos de los Estados miembros de la UE han previsto procedimientos especiales que se caracterizan por el afán de simplificar, reducir costes y acelerar la resolución de las demandas de particulares o pequeñas empresas.

En muchos de estos procedimientos encontramos una serie de características comunes, como la reducción de costes, la ausencia de abogados, la simplificación de las normas sobre la práctica de la prueba y, en general, la atribución a los órganos jurisdiccionales de mayores facultades para gestionar los asuntos y llegar a una rápida solución mediante sentencia o acuerdo entre las partes.

Las preocupaciones que han dado lugar a estas iniciativas en los sistemas jurídicos nacionales se hacen todavía más presentes cuando las demandas de escasa cuantía se plantean a través de las fronteras de los Estados miembros de la UE, dados los problemas adicionales asociados a tales situaciones, como la falta de familiaridad con la legislación aplicable y los procedimientos de los tribunales extranjeros y la necesidad de trabajar en diferentes lenguas.

La iniciativa del proceso europeo de escasa cuantía responde a un **objetivo de la Unión Europea** centrado en mantener y desarrollar un espacio de libertad, seguridad y justicia en el que esté garantizada la libre circulación de personas.

Con el fin de establecer dicho espacio, la Comunidad ha ido desarrollando gradualmente medidas en el ámbito de la cooperación judicial en materia civil con repercusión transfronteriza, necesarias para el correcto funcionamiento del Mercado Interior, dichas medidas deben incluir la eliminación de obstáculos para un buen funcionamiento de los procedimientos civiles, lo que conlleva la compatibilidad de las normas procesales civiles aplicables en los Estados miembros.

Con esto se pretende que la resolución de los litigios transfronterizos se simplifique y se agilice, garantizando el acceso de consumidores y empresas a una **tutela judicial efectiva**.

Se trata de un procedimiento sencillo, que se ofrece como una alternativa a los procesos regulados por las legislaciones de los Estados Miembros, mediante el cual se pretende obtener una **protección eficaz de los créditos transfronterizos**.

Es un procedimiento predominantemente escrito, en el que la mayor parte de las actuaciones se realiza mediante un sistema de formularios normalizados disponibles on-line en todos los idiomas, otra de sus características es que no es necesario la asistencia de abogado u otro profesional del derecho.

Pueden acogerse al proceso europeo de escasa cuantía los litigantes que busquen una alternativa a los procesos previstos en la legislación de los Estados Miembros. Toda sentencia dictada en un Estado Miembro al amparo del proceso europeo de escasa cuantía debe ser reconocida y ejecutada en los demás Estados Miembros, sin que se precise una declaración de ejecutabilidad y sin que exista la posibilidad de oponerse a su reconocimiento.

3.1.2. Antecedentes: Contexto histórico y político de la propuesta

3.1.2.1. La Conferencia de *Down Hall*

La posibilidad de establecer un proceso europeo para la tramitación de las demandas de los consumidores y otras de escasa cuantía se debatió en una

Conferencia celebrada en Inglaterra durante la Presidencia británica, en el primer semestre de 1998. Esta Conferencia reunió a un número significativo de expertos de distintos Estados miembros de la UE, así como a representantes de las instituciones europeas, y en ella se presentaron diversos tipos de procesos vigentes en Europa y otros lugares.

De la Conferencia surgió un consenso general sobre la conveniencia de establecer un proceso europeo especial para tramitar las demandas de los consumidores y otras demandas de escasa cuantía en los litigios en la UE, dada la creciente movilidad de las personas y los intercambios transfronterizos, así como las dificultades manifiestas que encuentran los particulares y las pequeñas empresas a la hora de intentar obtener satisfacción respecto de tales reclamaciones.

3.1.2.2. Contexto político

Tras la entrada en vigor del Tratado de Ámsterdam *(TOL139.322)* se realizaron algunas declaraciones políticas, la más significativa de las cuales figura en las conclusiones de la **cumbre de Tampere**, que fue la primera ocasión en que los Jefes de Gobierno de la UE se reunieron para debatir sobre asuntos de justicia.

Estas iniciativas legislativas son fruto del acuerdo del Consejo Europeo reunido en Tampere los días 15 y 16 de octubre de 1999, donde se invitó al Consejo y a la Comisión a establecer unas normas de procedimiento comunes para la tramitación simplificada y acelerada de litigios transfronterizos relativos a demandas de escasa cuantía en materia de consumo o de índole mercantil.

3.1.2.3. Desarrollo de la política relativa al proceso europeo de escasa cuantía

En el año 2000, la Comisión Europea tomó la iniciativa de elaborar un cuestionario para determinar la disponibilidad de procesos de escasa cuantía en los Estados miembros de la UE. A continuación, se publicó un **Libro Verde** *(TOL221.175)* a la luz de los cambios introducidos en el Tratado CE como consecuencia del Tratado de Ámsterdam y las **conclusiones de Tampere**, incluidas varias sugerencias de actuación para cumplir los compromisos políticos ya contraídos y, en particular, la necesidad de un procedimiento simplificado para las demandas de escasa cuantía que facilitara el acceso a la justicia a los que desean proseguir con sus reclamaciones.

También, trataba de cuestiones relacionadas con una posible iniciativa para un proceso monitorio europeo. Las respuestas debían enviarse hasta el 31 de mayo de 2003 y, sobre la base del material recopilado, la Comisión presentó una **propuesta de Reglamento** en marzo de 2005, tras haber presentado la propuesta de un proceso monitorio europeo.

3.1.2.4. Las negociaciones y los seis principios

Una vez alcanzado un acuerdo político general sobre la conveniencia de crear un proceso europeo de escasa cuantía para tramitar los asuntos transfronterizos como alternativa a los procedimientos nacionales, las negociaciones pudieron centrarse libremente en el fondo del procedimiento.

Uno de los puntos más delicados fue la **fijación del límite financiero**, es decir, la respuesta a la pregunta: ¿Qué es una demanda de escasa cuantía? Algunos Estados miembros deseaban fijar un límite relativamente bajo, mientras que otros preferían un límite que permitiera tramitar la mayoría de las reclamaciones de los consumidores. Sobre este asunto se alcanzó, finalmente, un compromiso durante los debates celebrados en el Parlamento Europeo y el Consejo.

Un momento clave en los debates del Consejo fue la adopción por los ministros de Justicia de una serie de **principios** que se convertirían en **la base de las negociaciones y del procedimiento**.

Dichos principios se recogen en un documento de la Presidencia que se presentó a los ministros en noviembre de 2005 y son los siguientes:

- El proceso europeo de escasa cuantía debe ser un **procedimiento** fundamentalmente **escrito**.
- Deberá celebrarse una **vista oral** si el órgano jurisdiccional lo considera necesario.
- Para garantizar un procedimiento acelerado y eficaz, **deben fijarse plazos** para las fases específicas.
- Se promueve el **uso de las nuevas tecnologías** de comunicación para facilitar la celebración de vistas y la práctica de pruebas.
- La representación por un abogado **no** debería ser **obligatoria**.
- El órgano jurisdiccional debe garantizar que **las costas** que deba soportar la parte perdedora guarden proporción con el valor de la demanda

3.1.2.5. Evolución del procedimiento civil en la Unión europea: Supresión del procedimiento de *exequatur*

Desde el principio de las negociaciones del Reglamento sobre el proceso de escasa cuantía se aceptó un nuevo principio, a saber, que las medidas provisionales para el reconocimiento y la ejecución de una sentencia dictada en un Estado miembro con arreglo a este proceso dejarían de aplicarse en el caso de que tuviera que ejecutarse en otro Estado miembro, garantizando así el objetivo de permitir el cobro de cualquier reclamación sin necesidad de medidas provisionales. Esto supone un avance sustancial en el desarrollo de los procedimientos judiciales de la UE en materia civil.

Suponen un importante desarrollo práctico del principio de reconocimiento mutuo de las resoluciones judiciales en materia civil, con el objetivo principal de **simplificar y acelerar el reconocimiento y la ejecución de los derechos de los acreedores** a través de las fronteras nacionales en la Unión Europea.

A este respecto, contribuyen a la construcción de un auténtico espacio de justicia en la Unión Europea, a la circulación de las resoluciones judiciales en la UE y, en consecuencia, a la realización del mercado único.

3.1.3. Concepto y características

El proceso europeo de escasa cuantía, en adelante PEEC, es un procedimiento europeo cuya finalidad es simplificar y acelerar los litigios de escasa cuantía en los asuntos transfronterizos, así como reducir los costes que conlleva la tramitación de estos asuntos. Procedimiento, que se establece como alternativa a los procesos previstos por la legislación de los Estados miembros.

Se aplica en materia civil y mercantil, a excepción de una serie de materias que se excluyen expresamente, para reclamaciones de cantidad, tanto dinerarias como no dinerarias, **que no superen el límite de 5.000 euros** en el momento en que el órgano jurisdiccional competente reciba el formulario de demanda, excluidos los intereses, gastos y costas.

Podemos destacar brevemente algunas de sus características:

- **Proceso rápido, sencillo y económico**: el PEEC debe simplificar y acelerar los litigios de escasa cuantía en asuntos transfronterizos, reduciendo los costes mediante un instrumento opcional que se añade a las posibilidades ya existentes en la legislación de los Estados miembros, que deben seguir inalteradas.
- **Aplicable en materia civil y mercantil, en asuntos transfronterizos, para reclamaciones de determinada cantidad**: en cuanto al ámbito de aplicación del presente Reglamento se aplicará a los asuntos transfronterizos en materia civil y mercantil, con independencia de la naturaleza del órgano jurisdiccional, cuando el valor de una demanda, excluidos los intereses, gastos y costas, no rebase los 5.000 euros en el momento en que el órgano jurisdiccional competente reciba el formulario de demanda.

  Por lo que respecta al **concepto de asunto transfronterizo**, se entiende por tal, aquel en los que al menos una de las partes esté domiciliada o tenga su residencia habitual en un **Estado miembro distinto de aquel al que pertenezca el órgano jurisdiccional que conozca del asunto**.

- **Procedimiento fundamentalmente escrito**, en el que se utilizan formularios normalizados para determinadas actuaciones entre las partes y el tribunal: para tramitar este procedimiento se establece un sistema de formularios normalizados, on-line, disponibles, en todos los idiomas, en el Portal Europeo de e-justicia.
- A pesar de ser un procedimiento predominantemente escrito, **es posible celebrar vista y practicar prueba**.
- **No se necesita abogado y procurador**, por lo que los Estados tienen la obligación de prestar asistencia práctica para cumplimentar los formularios. Dicha asistencia se prestará gratuitamente.
- **Supresión del exequátur**: las sentencias dictadas en un PEEC podrán ser reconocidas y ejecutadas en cualquier Estado miembro, no se precisa una declaración de ejecutabilidad de la sentencia en el Estado miembro de ejecución y no existe la posibilidad de oponerse a su reconocimiento.

3.1.4. Objeto y finalidad del proceso europeo de escasa cuantía

En el marco de los objetivos de garantizar el acceso a la justicia y crear el espacio de libertad, seguridad y justicia en la UE, el proceso europeo de escasa cuantía tiene por finalidad principal **simplificar y agilizar en la UE los litigios transfronterizos sobre deudas de escasa cuantía** y, de este modo, reducir los costes de este tipo de litigios entre los Estados miembros.

Para lograrlo, el proceso hace hincapié en la necesidad de unos procedimientos relativamente sencillos y, en particular, en su carácter eminentemente escrito. Además, se refuerza considerablemente la función del órgano jurisdiccional por lo que se refiere a la gestión del proceso y a la determinación de las cuestiones controvertidas entre las partes en relación con la demanda, así como la posibilidad de que estas insten el proceso sin necesidad de asesoramiento jurídico ni de incurrir en los consiguientes gastos.

Este procedimiento puede ser utilizado no solo por personas o grupos de consumidores, para los que resulta especialmente apropiado, sino también por pequeñas empresas que se enfrentan a litigios transfronterizos en el curso de sus actividades.

El objetivo de **rapidez del proceso** se logrará mediante la observancia de los plazos fijados para las diversas fases del proceso. La **reducción de costes** es otro objetivo importante y compete al órgano jurisdiccional asegurarse de que los costes generados no sean desproporcionados con respecto a la cuantía de la demanda.

3.1.5. Regulación legal

El PEEC está regulado por el Reglamento (CE) n.º 861/2007 del Parlamento Europeo y del Consejo, de 11 de julio de 2007, por el que se establece un proceso europeo de escasa cuantía *(TOL1.115.662)*. Este instrumento ha sido reformado por el Reglamento (UE) 2015/2421, del Parlamento Europeo y del consejo, de 16 de diciembre de 2015, por el que se modifican el Reglamento (CE) n.º 861/2007 por el que se establece un proceso europeo de escasa cuantía, y el Reglamento (CE) n.º 1986/2006 por el que se establece un proceso monitorio europeo (DOUE L 341, de 24 de diciembre de 2015).

3.1.6. El Reglamento 861/2007 del Parlamento europeo y del Consejo de 11 de julio de 2007 por el que se establece un proceso europeo de escasa cuantía

Objeto
• Establecimiento de un procedimiento para litigios de escasa cuantía • Procedimiento alternativo con los procesos nacionales.

Ámbito de aplicación
• **Material**: *Asuntos transfronterizos* en el momento en que el órgano recibe el formulario de demanda: una parte con domicilio o residencia en un Estado Miembro distinto al que pertenece el órgano (art. 3). *Materia civil y mercantil* que no supere los 2.000 Euros (art. 2.1). • **Exclusiones**: fiscal/aduanero/administrativo y actos de Estado iure imperii (art. 2.2).: estado y capacidad de personas físicas; REM, alimentos, testamentos y sucesiones; Quiebra; Seguridad social y derecho laboral; Arbitraje; Arrendamientos de bienes inmuebles, excepto acciones sobre derecho pecuniarios; Violaciones del derecho a la intimidad, incluida difamación. • **Espacial**: entre EM, salvo Dinamarca (art. 2.3) • **Temporal**: En vigor desde 01-01-2009 • **Relaciones con otras normas**: Sin perjuicio de R. el PEEC se regirá por Derecho procesal de EM (art. 19) • **CJI** según R. 1215/2012 • **Notificaciones**: remite a R. 805/2004

Características
• Proceso rápido, sencillo y económico • Aplicable en materia civil y mercantil, en asuntos transfronterizos • Procedimiento fundamentalmente escrito • Existe la posibilidad de celebrar vista y practicar pruebas • No se necesita abogado y procurador • Supresión del exequátur

Modificaciones del Reglamento 861/2007 del Parlamento Europeo y del Consejo de 11 de julio de 2007, por el que se establece un proceso de escasa cuantía
• Aumento del límite de la cuantía (5.000 Euros). • Mejora del uso de la comunicación electrónica, incluida la notificación de determinados documentos. • Deber de los órganos jurisdiccionales de utilizar los sistemas de videoconferencia, teleconferencia y otros medios de comunicación a distancia para la celebración de las vistas y la práctica de la prueba. • Regulación de tasas judiciales y establecimiento de medios de pago a distancia para las mismas. • Limitación del requisito de traducir el formulario D, que contiene el certificado de ejecución, exclusivamente al fondo de la sentencia. • Aclaración del artículo 18 del RPEEC, relativo a la revisión de la sentencia en casos excepcionales. • Concesión de fuerza ejecutiva a las transacciones judiciales homologadas por un órgano jurisdiccional o celebrado ante este durante el PEEC. • Delegación de poderes a la Comisión para la modificación de los anexos.

Fuente:
https://eur-lex.europa.eu/legal-content/ES/LSU/?uri=CELEX:32007R0861

3.1.6.1. Ámbito de aplicación del Reglamento

3.1.6.1.1. Ámbito de aplicación material

El Reglamento regula los dos elementos del ámbito de aplicación material del proceso europeo de escasa cuantía, a saber, el límite financiero de las demandas que pueden acogerse a este proceso y el objeto de las propias demandas. En general, se incluyen las demandas en materia «civil y mercantil», aunque sujetas a una serie de restricciones y exclusiones. Los términos «civil y mercantil» han sido interpretados de forma amplia por el Tribunal de Justicia Europeo.

3.1.6.1.2. Límite financiero del proceso europeo de escasa cuantía

En el Reglamento 861/2007 del Parlamento europeo y del Consejo, de 11 de julio de 2007, por el que se establece un proceso europeo de escasa cuantía *(TOL1.115.662)*, dicho umbral se encontraba en 2.000 euros. **Con la reforma introducida por el Reglamento 2015/2421 se eleva a 5.000 euros,** de modo que las demandas de cuantía superior a esta cantidad están excluidas del procedimiento.

Así lo establece el artículo 2.1 del RPEEC, el mismo *se aplicará cuando el valor de una demanda, excluidos los intereses, gastos y costas,* ***no rebase los 5.000 euros*** *en el momento en que el órgano jurisdiccional competente reciba el formulario de demanda*.

El importe es elevado, porque se entiende que así se mejora el acceso a una tutela judicial efectiva y económicamente eficiente en los litigios transfronterizos, en particular para las PYMES. Y es que, un mayor acceso a la justicia reforzaría la confianza en las transacciones transfronterizas y contribuiría al máximo aprovechamiento de las oportunidades que ofrece el mercado interior.

3.1.6.1.3. Base del valor

Una cuestión importante es la base para determinar la cuantía de la demanda a efectos del Reglamento, que está regulada en el artículo 2, apartado 1. En primer lugar, **el valor es el del momento en que el órgano jurisdiccional competente recibe el formulario de demanda**. En segundo lugar, el valor se calcula **excluidos los intereses sobre la deuda principal**, los gastos y las costas que podrían añadirse a la demanda. Esta exclusión no afectaría a una demanda principal que solo se refiera, por ejemplo, al pago de intereses de una deuda ya saldada.

3.1.6.1.4. Demandas pecuniarias y no pecuniarias

El proceso europeo de escasa cuantía admite **demandas no pecuniarias**, tal como se prevé en la parte 7 del formulario de demanda. En una demanda no pecuniaria, el demandante puede solicitar, por ejemplo, una providencia que evite un perjuicio como la violación de la propiedad o daños materiales, o bien solicitar que se garantice el cumplimiento de una obligación como la entrega de bienes u otra prestación contractual. A las demandas no pecuniarias es preciso atribuirles un valor dentro del límite financiero del proceso europeo de escasa cuantía.

3.1.6.1.5. Materias excluidas

El Reglamento excluye específicamente determinadas materias del ámbito de aplicación material del proceso europeo de escasa cuantía, que se enmarca en el ámbito de los asuntos **en materia civil y mercantil**. Se especifica que **se excluirán las materias fiscal, aduanera y administrativa**, así como la responsabilidad del Estado por acciones u omisiones en el ejercicio de su autoridad, también conocida como acta *iure imperii*. Si una demanda versa sobre una materia excluida, el tribunal la desestimará de oficio por no entrar en el ámbito de aplicación del proceso europeo de escasa cuantía.

Además, el Reglamento especifica que no se aplica a determinadas materias específicas que podría considerarse que entran en el ámbito de las materias civiles y mercantiles. Estas **exclusiones**, recogen en detalle en el artículo 2.2, que son los siguientes:

a) El estado y la capacidad jurídica de las personas físicas;

b) los derechos de propiedad derivados de los regímenes matrimoniales o de los regímenes que regulen relaciones con efectos comparables al matrimonio según la ley aplicable a dichas relaciones;

c) las obligaciones de alimentos derivadas de relaciones de familia, de parentesco, de matrimonio o de afinidad;

d) los testamentos y sucesiones, incluidas las obligaciones de alimentos por causa de muerte;

e) la quiebra, los procedimientos de liquidación de empresas o de otras personas jurídicas insolventes, los convenios entre quebrado y acreedores y demás procedimientos análogos;

f) la seguridad social;

g) el arbitraje;

h) el Derecho laboral;

i) los arrendamientos de bienes inmuebles, excepto las acciones sobre derechos pecuniarios, o

j) las violaciones del derecho a la intimidad y de los derechos de la personalidad, incluida la difamación.

3.1.6.1.6. Materias incluidas: Asuntos en materia civil y mercantil

El ámbito de aplicación material del proceso europeo de escasa cuantía está constituido principalmente por los asuntos en **materia civil y mercantil**. Tal como establece el artículo 2 apartado 1, a los efectos del Reglamento este término se entiende con independencia del órgano jurisdiccional que conoce de la demanda y de la legislación nacional del Estado miembro en cuestión.

La expresión «**en materia civil y mercantil**» no se define en el Reglamento, pero se entiende, en general, que existe una distinción entre, los asuntos civiles y los asuntos de Derecho público. Al respecto el Tribunal de Justicia de la Unión Europea (TJUE) ha dictado una serie de resoluciones judiciales para determinar el alcance y las consecuencias de esta distinción en el marco de los diversos instrumentos. A pesar de esta distinción, el Tribunal de Justicia sostiene que determinados asuntos de Derecho público deben ser considerados, no obstante, como asuntos en materia civil y mercantil.

En algunos casos, **el Tribunal de Justicia** ha establecido que para garantizar la aplicación equitativa y uniforme de los derechos y obligaciones derivados de los instrumentos pertinentes, **el término en materia civil o mercantil** no puede interpretarse en relación con un único sistema jurídico, sino que debe tener un significado propio derivado de los objetivos y el sistema normativo europeo aplicable, así como de los principios generales que emanan del corpus constituido por el conjunto de los sistemas jurídicos nacionales. El Tribunal de Justicia ha declarado que, en general, para determinar la naturaleza civil o mercantil de un litigio hay que considerar dos elementos:

- El objeto del litigio y, en consecuencia, la naturaleza de la acción, y
- Las partes del litigio y la naturaleza de su relación.

Así se detalla en la jurisprudencia del **Tribunal de Justicia** de la Unión Europea, en el **asunto Apostolides contra *Orams*** *(TOL3.241.969)*, resumió su postura en los siguientes términos: *A este respecto ha de subrayarse que, con miras a asegurar, en la medida de lo posible, la igualdad y la uniformidad de los derechos y obligaciones que resultan del Reglamento n.°* 44/2001 para los Estados contratantes y las personas interesadas, no cabe interpretar los términos ***en materia civil y mercantil*** *como una mera remisión al Derecho interno de uno u otro de los Estados interesados. Hay que considerar el concepto* ***de materia civil y mercantil*** *como un concepto autónomo, que debe ser interpretado refiriéndose, por una parte, a los objetivos y al sistema del Reglamento y, por otra, a los principios generales que se deducen de todos los sistemas jurídicos nacionales. Esta interpretación lleva a excluir determinadas acciones o resoluciones jurisdiccionales del ámbito de aplicación del Reglamento n.°* 44/2001, *en razón de los elementos que caracterizan la naturaleza de las relaciones jurídicas entre las partes del litigio o el objeto de este.*

En cuanto a las acciones en las que interviene una autoridad pública, el Tribunal de Justicia ha señalado que los **litigios entre una autoridad pública y un particular**, cuando la primera actúa en ejercicio del poder público, no son asuntos de carácter «civil o mercantil». El Tribunal ha hecho una distinción entre tales acciones, conocidas como acta iure imperii, que en ningún caso entran en el ámbito de la «materia civil o mercantil» a los efectos del proceso europeo de escasa cuantía, y las acciones acta iure gestionis, generalmente de carácter mercantil y realizadas por el Estado, que se incluyen en dicho ámbito. El TJUE, también, se pronunció sobre este punto en el **asunto *Apostolides***: *El Tribunal de Justicia ha considerado así que, si bien determinados litigios surgidos entre una autoridad pública y una persona de Derecho privado pueden estar comprendidos dentro de dicho concepto, la situación es distinta cuando la autoridad pública actúa en ejercicio del poder público. [...] La manifestación de prerrogativas de poder público por una de las partes en el litigio, en virtud de su ejercicio de poderes exorbitantes en relación con las normas aplicables a las relaciones entre particulares, excluye tal litigio del concepto de materia civil y mercantil.*

No siempre es fácil distinguir en la práctica entre los asuntos que entran en la noción de «materia civil y mercantil» y los que no. El TJUE ha tratado de distinguirlos en una serie de **ejemplos de asuntos concretos**.

Demandas que el TJUE ha considerado de carácter civil y mercantil:

a) *Sonntag contra Waidmann* (asunto C-172/91, Rec. 1993, I-1963). La demanda de indemnización por daños causados a una persona como consecuencia de una infracción penal es de naturaleza civil. No obstante, este tipo de acción no entra en la noción de «materia civil o mercantil» cuando el autor del daño tiene la consideración de autoridad pública en el ejercicio del poder público (en ese caso, se consideró que un profesor que vigilaba a los alumnos no «ejercía un poder público»).

b) *Verein für Konsumenteninformation contra Karl Heinz Henkel*, (asunto C-167/00, Rec. 2002, I-8111) *(TOL205.299)*. Demanda presentada por una organización de protección de los consumidores con carácter preventivo para evitar que un comerciante incluyera cláusulas contractuales abusivas en contratos con los particulares.

c) *Gemeente Steenbergen contra Baten* (asunto C-271/00, Rec. 2002, p. I-10489) *(TOL260.138)*. Mediante una demanda en virtud de una acción de repetición, un organismo público solicita cobrar de una persona de Derecho privado los importes pagados por dicho organismo en concepto de asistencia social al cónyuge divorciado y al hijo de dicha persona, siempre que el fundamento y las normas detalladas que regulan la interposición de tal acción se rijan por el Derecho común en materia de obligación de alimentos. No obstante, cuando una acción de repetición se base en disposiciones legales que confieren al organismo público prerrogativas propias, tal demanda no puede considerarse en «materia civil».

d) *Préservatrice foncière TIARD contra Países Bajos* (asunto C-266/01, Rec. 2003, I-4867) *(TOL268.303)*. Demanda por la que un Estado solicita la ejecución contra una persona de Derecho privado de un contrato de fianza de Derecho privado celebrado para permitir que un tercero aporte una garantía exigida y definida por dicho Estado, en la medida en que la relación jurídica entre el acreedor y el fiador, de conformidad con el contrato de fianza, no implique el ejercicio por el Estado de competencias que sobrepasen las previstas en las normas aplicables a las relaciones entre los particulares.

e) *Frahuil SA contra Assitalia* (asunto C-265/02, Rec. 2004, I-1543) *(TOL363.499)*. Demanda de subrogación legal contra un importador que adeudaba derechos de aduana por el fiador que pagó dichos derechos a las autoridades aduaneras en cumplimiento de un contrato de fianza por el que se había comprometido a pagar a las autoridades aduaneras los derechos en cuestión en calidad de transitario, que en un principio había recibido instrucciones del deudor principal para el pago de la deuda. Se considera que es una demanda en «materia civil o mercantil».

En el **asunto Apostolides** anteriormente mencionado, la demanda de reconocimiento y ejecución de una orden de pago de daños y perjuicios por toma de posesión ilegal de terrenos, entrega de dichos terrenos, restauración a su estado original y cese de cualquier otra actuación ilegal cuando, en el procedimiento principal, la acción se desarrolle entre personas físicas y no se interponga contra actuaciones ni procedimientos que impliquen el ejercicio del poder público por una de las partes del litigio, sino contra actos realizados por personas físicas.

f) ***Realchemie Nederland BV contra Bayer CropScience AG*** (asunto 406/09) *(TOL2.253.739)*. Demanda de reconocimiento y ejecución de una orden de pago de una multa para garantizar el cumplimiento de una sentencia dictada en un asunto en materia civil y mercantil, a saber, infracción de un derecho de propiedad intelectual esgrimido como una cuestión de Derecho privado por una sociedad limitada.

Demandas que el TJUE ha considerado que no son de carácter «civil y mercantil»:

a) Asunto ***LTU Lufttransportunternehmen GmbH & Co. KG contra Eurocontrol*** anteriormente mencionado. Demanda de una autoridad pública creada por un Tratado internacional para cobrar de una parte privada tasas por el uso de equipos y servicios, siendo dicho uso obligatorio y habiéndose fijado las tasas unilateralmente.

b) ***Países Bajos contra Rüffer*** (C-814/79, Rec. 1980, 3807). Demanda presentada por una autoridad pública responsable del control de las vías navegables públicas en el ejercicio de su poder público contra un armador para la recuperación de los costes derivados de la extracción de un pecio de las vías navegables interiores.

c) ***Lechouritou contra Dimosio tis Omospondiakis Dimokratias tis Germanias*** *(TOL4.627.571)* mencionado anteriormente. Demanda presentada por los representantes de las víctimas y los supervivientes de una masacre de guerra perpetrada por fuerzas militares para solicitar una indemnización del Estado responsable.

3.1.6.2. Ámbito de aplicación territorial del Reglamento

El Reglamento sobre el proceso europeo de escasa cuantía se aplica en **todos los Estados miembros de la UE, excepto en Dinamarca**, así lo establece el artículo 2.3: «*En el presente Reglamento se entenderá por "Estado miembro" cualquier Estado miembro, con excepción de Dinamarca*».

En relación a este país, el RPEEC, en su Considerando 38, establece que de conformidad con los artículos 1 y 2 del Protocolo n.º 22, sobre la posición de Dinamarca, anejo al Tratado de la Unión Europea *(TOL1.347.864)* (en adelante, TUE) y al Tratado Constitutivo de la Comunidad Europea (DOUE núm. 326, de 26 de octubre de 2012, Protocolo (n.º 22) sobre la posición de Dinamarca) *(TOL2.435.103)*, Dinamarca no participa en la aprobación del presente Reglamento y, por tanto, no queda vinculada por este, ni sujeta a su aplicación.

Por otro lado, en relación a países como Reino Unido e Irlanda, el Protocolo n.º 21 sobre la posición de estos países, respecto del espacio de libertad, seguridad y justicia, (DOUE núm. 326, de 26 de octubre de 2012, Protocolo (n.º 21) sobre la posición del Reino Unido y de Irlanda respecto del espacio de libertad, seguridad y justicia) *(TOL2.435.098)* contempla en sus artículos 1 y 2 (al igual que sucede en el Protocolo de Dinamarca) que estos no participaran en la adopción de las medidas propuestas en virtud del Título V de la tercera parte del Tratado de funcionamiento de la Unión Europea (en adelante, TFUE), y por tanto no les serán ni vinculantes ni aplicables. No obstante, conforme al artículo 3, Reino Unido e Irlanda han decidido participar en la adopción de este Reglamento por lo que sí le es aplicable. Y así queda recogido en el Considerando 37 del RPEEC.

3.1.6.2.1. Asuntos transfronterizos

El proceso europeo de escasa cuantía solo se aplica a los asuntos definidos como **transfronterizos**, es decir, aquellos en los que al menos una de las partes está domiciliada o tiene su residencia habitual en un Estado miembro distinto de aquel al que pertenece el órgano jurisdiccional que tramita el asunto. **La definición de asuntos transfronterizos figura en el artículo 3, apartado 1**.

En virtud del artículo 3.1 del RPEEC se *entenderá por asunto transfronterizo como aquellos en los que al menos uno de las partes este domiciliada o tenga su residencia habitual en un Estado miembro distinto de aquel al que pertenezca el órgano jurisdiccional que conozca el asunto*.

Así, **no es relevante la nacionalidad de las partes, sino el domicilio o residencia habitual de las mismas**, de esta manera cabría los siguientes supuestos, todos ellos transfronterizos:

1. Que el demandante y demandado tuviesen su domicilio o residencia habitual en el mismo Estado miembro y el órgano jurisdiccional perteneciese a un Estado miembro distinto.
2. Que demandante y demandado tuviesen su domicilio o residencia habitual en Estados miembros diferentes y el órgano jurisdiccional, a su vez, perteneciese a un Estado miembro distinto.

3. Que el órgano jurisdiccional perteneciese al mismo Estado miembro donde estuviese domiciliado o residiese, bien el demandante bien el demandado (entendiéndose que ambos se encuentren en Estados miembros distintos).

En los supuestos de pluralidad de partes, es suficiente con que una de las partes cumpla con el requisito descrito para que estemos ante un asunto transfronterizo como señala el artículo 3 RPEEC, es decir, que tenga su domicilio o residencia habitual en un Estado miembro diferente de aquel en el que se encuentra el órgano jurisdiccional del proceso. A los efectos de determinar el domicilio de las partes de cara al carácter transfronterizo del asunto el artículo 3.2 del RPEEC señala que el *domicilio se determinará de acuerdo con lo dispuesto en los artículos 62 y 63* del Reglamento (UE) n.° 1215/2012 del Parlamento Europeo y del Consejo, de 12 de diciembre de 2012, relativo a la competencia judicial, el reconocimiento y la ejecución de resoluciones judiciales en materia civil y mercantil (DO L 351 de 20.12.2012, p.1) *(TOL2.701.212)*.

Finalmente, y por lo que se refiere al momento en que el asunto debe considerarse transfronterizo, el artículo 3.3 del RPEEC establece que este momento será la fecha en que el tribunal competente reciba el formulario de demanda.

3.1.6.3. Ámbito de aplicación temporal del Reglamento

El Reglamento sobre el proceso europeo de escasa cuantía se aplica en todos los Estados miembros de la UE, excepto en Dinamarca, **desde el 1 de enero de 2009**. No obstante, podrá interponerse una demanda con arreglo a este procedimiento incluso si antecede a dicha fecha, siempre que la obligación en que se base no haya prescrito, o no haya expirado ningún plazo de prescripción aplicable a la demanda con arreglo a la legislación pertinente.

3.1.6.4. Relación con otros instrumentos de la UE

3.1.6.4.1. Reglamento «Bruselas I bis»

El Reglamento sobre el proceso europeo de escasa cuantía no contiene normas sobre la jurisdicción competente, por lo que para determinar cuáles son los órganos jurisdiccionales competentes entre los diversos Estados miembros de la UE, así como con respecto a los Estados no miembros, deben aplicarse las normas del Reglamento «Bruselas I bis».

Para determinar la **competencia judicial internacional** del tribunal el RPEEC remite al *Reglamento (UE) n.°* 1215/2012 del Parlamento Europeo y del Consejo, de 12 de diciembre de 2012, relativo a la competencia judicial, el reconocimiento y la ejecución de resoluciones judiciales en materia civil y mercantil (TOL2.701.212).

Reconocimiento y ejecución de las resoluciones judiciales

Uno de los aspectos clave del proceso europeo de escasa cuantía es la **supresión del procedimiento de exequatur**, lo que significa que una resolución dictada con arreglo a dicho proceso es reconocida y puede ejecutarse en otro Estado miembro de la UE sin necesidad de que el titular de la resolución obtenga un otorgamiento de la ejecución, de conformidad con las normas sobre el reconocimiento y la ejecución del **Reglamento «Bruselas I bis»**.

3.1.6.4.2. Los Reglamentos relativos a la notificación y la prueba

Por lo que respecta a notificación de documentos, de forma subsidiaria respecto a lo previsto en el *Reglamento 861/2007: Reglamento (CE) 805/2004 por el que se establece un título ejecutivo europeo para créditos no impugnados (TOL511.614)*.

Estos Reglamentos son aplicables al proceso europeo de escasa cuantía, ya que, generalmente, se aplican a los procedimientos civiles en los que deben transmitirse documentos de un Estado miembro de la UE a otro y deben practicarse pruebas en un Estado miembro de la UE a partir de otro. No obstante, **el Reglamento establece algunas disposiciones sobre la notificación de documentos y la práctica de pruebas** que prevalecen sobre las disposiciones de los demás instrumentos. Contiene asimismo algunas disposiciones sobre la notificación de documentos derivadas del Reglamento relativo al título ejecutivo europeo que también prevalecen sobre las normas del Reglamento relativo a la notificación, en aquellos aspectos en los que no coinciden.

3.1.6.4.3. Relación con el Derecho nacional

Para la aplicación en España del RPEEC se regula por la *Ley de Enjuiciamiento Civil (TOL172.336)* (en adelante, LEC) Disposición final vigésima cuarta. Medidas para facilitar la aplicación en España del *Reglamento (CE) n.º* 861/2007 del Parlamento Europeo y del Consejo, de 11 de julio de 2007, por el que se establece un proceso europeo de escasa cuantía.

El Derecho nacional se aplica al proceso europeo de escasa cuantía de dos maneras. En primer lugar, por lo que se refiere al procedimiento en sí, el Reglamento establece claramente que, sin perjuicio de lo dispuesto en el mismo, el proceso europeo de escasa cuantía se regirá por el Derecho procesal del Estado miembro en el que se tramite el proceso. En segundo lugar, el Reglamento contiene una disposición específica sobre la aplicación del Derecho nacional en determinadas fases del procedimiento.

Por ejemplo, si existe o no recurso contra una sentencia en el marco del proceso europeo de escasa cuantía, y cuando la demanda de reconvención sobrepasa el límite financiero del proceso europeo de escasa cuantía.

Las normas procesales deben aplicarse teniendo en cuenta también los objetivos del procedimiento, según lo establecido en el considerando del Reglamento. Hay que tener en cuenta que el **Derecho procesal nacional no debe aplicarse en contradicción con el proceso europeo de escasa cuantía,** sino para favorecer el logro de los fines de este último.

3.1.7. Incoación del procedimiento

3.1.7.1. Órganos competentes para tramitar la demanda

Los Estados miembros tienen la obligación de garantizar que las partes reciban asistencia práctica para cumplimentar los formularios, y dicha asistencia debe estar disponible en todos los Estados miembros para la cumplimentación del formulario de demanda y otros formularios.

Las normas que determinan el órgano jurisdiccional competente para conocer de las demandas en el marco del proceso europeo de escasa cuantía son normas nacionales y de la UE. **Las normas de la UE sobre competencia jurisdiccional atribuyen competencias a los órganos jurisdiccionales de los Estados miembros,** y en cada uno de los Estados miembros las normas nacionales determinan ante qué órgano jurisdiccional deben presentarse las demandas del proceso europeo de escasa cuantía, el formulario de demanda ha de presentarse en el órgano jurisdiccional que tenga la competencia jurisdiccional y material para tramitar la demanda. Así, el demandante tiene que cumplimentar en la parte 4 del formulario de demanda el criterio para elegir la jurisdicción competente.

En todos los Estados miembros **se prestará asistencia práctica para cumplimentar los formularios,** ya que el artículo 11 así lo exige para garantizar que las partes puedan recibir ayuda para cumplimentar el formulario de demanda y los otros formularios.

3.1.7.2. Las normas de la UE sobre competencia jurisdiccional

Las normas aplicables son las establecidas en el Reglamento «Bruselas I bis» *(TOL2.701.212)*. Esto significa que, para determinar el órgano jurisdiccional ante el que deberá presentarse la demanda, habrá que considerar en primer lugar cuál es la norma o las normas de competencia jurisdiccional aplicables al litigio en que se basa la demanda. **La norma o normas aplicables dependerán de los hechos concretos de cada caso.** Un elemento fundamental es si la demanda es consecuencia de una obligación contractual o extracontractual, tal como una obligación derivada de una culpa o negligencia de la parte demandada que ha dado lugar a pérdida, lesión o perjuicio para el demandante.

Para determinar con exactitud el órgano u órganos jurisdiccionales competentes para tramitar el asunto en el marco del procedimiento europeo de escasa cuantía, es necesario que el futuro demandante pueda acceder a la información sobre las normas nacionales de competencia jurisdiccional de los Estados miembros. Muchos Estados miembros disponen de sitios web donde se encuentra dicha información. También con arreglo al Reglamento, los Estados miembros están obligados a facilitar a la Comisión Europea información detallada sobre los órganos jurisdiccionales competentes para conocer de un asunto en el marco del proceso europeo de escasa cuantía y, a su vez, esta información ha de ponerse a disposición del público en general.

Así, esta información está disponible en el **portal europeo e-Justice**, que permite acceder al sitio web del **Atlas Judicial Europeo**, que a su vez ofrece información sobre el **Derecho interno de los Estados miembros**.

3.1.7.3. Jurisdicción competente en los asuntos relativos a los consumidores

El Reglamento «Bruselas I bis» *(TOL2.701.212)* contiene normas de competencia jurisdiccional especiales para los asuntos que interesan a los consumidores.

Un consumidor se define como una persona que no actúa con fines mercantiles. Es importante saber cuáles son las normas aplicables del Reglamento de «Bruselas I bis» *(TOL2.701.212)* con el fin de determinar el órgano jurisdiccional competente para conocer de una demanda de un consumidor contra, una empresa.

En determinadas circunstancias, el **consumidor** puede presentar la demanda ante un órgano jurisdiccional del Estado miembro en el que esté domiciliado o del que sea residente habitual y que sea competente para tramitar una demanda en el marco del proceso europeo de escasa cuantía de conformidad con las normas nacionales.

En muchos casos, se tratará de un órgano jurisdiccional de su propia ciudad o localidad. Esto también es importante para otros tipos de reclamaciones de consumidores, incluida la demanda de una empresa contra un consumidor, la demanda de un «**consumidor**» **particular contra otro consumidor** y las demandas entre empresas.

3.1.7.4. Las normas de competencia jurisdiccional en materia de consumidores en el «Reglamento I bis»

Los artículos 17 a 19 del Reglamento Bruselas I bis *(TOL2.701.212)* contienen normas especiales sobre la competencia jurisdiccional en materia de contratos celebrados por los consumidores. Estas normas no sustituyen a otras normas del Reglamento, pero ofrecen a los consumidores más posibilidades de elección del órgano jurisdiccional ante el que presentar la demanda, cuando se trate de:

- Una venta a plazos de mercaderías.
- Un crédito o un préstamo a plazos.
- Un contrato entre el consumidor y una empresa que ejerza actividades comerciales en el Estado miembro del domicilio del consumidor o dirija tales actividades por cualquier medio, como la publicidad a dicho Estado miembro.

El consumidor puede presentar una demanda en virtud del contrato ante:

- Los tribunales del Estado miembro donde estuviere domiciliada la empresa.
- Los tribunales del lugar en que estuviere domiciliado el consumidor.

La empresa puede presentar una demanda en virtud del contrato únicamente ante los tribunales del lugar en que estuviere domiciliado el consumidor. En cualquier caso, se podrá presentar una demanda de reconvención ante el tribunal en que se esté tramitando la demanda original.

Estas disposiciones sobre competencia jurisdiccional no podrán ser modificadas por acuerdo entre el consumidor y la empresa, a menos que:

- La entrada en vigor del acuerdo sea posterior al litigio objeto de la demanda.
- Dicho acuerdo permita al consumidor presentar una demanda ante unos tribunales distintos de los previstos en las normas.
- Se trate de un acuerdo entre un consumidor y una empresa, ambos domiciliados en el mismo Estado miembro, que reconozca la competencia de los tribunales de dicho Estado miembro y no sea contrario a las leyes de este.

3.1.7.5. Normas internas sobre competencia jurisdiccional

Una vez que el demandante ha decidido qué norma o normas del Reglamento «Bruselas I bis» *(TOL2.701.212)* son aplicables y, en consecuencia, qué órganos jurisdiccionales de qué Estado o Estados miembros serán competentes, a fin de decidir ante qué órgano jurisdiccional presentar una demanda en el marco del proceso europeo de escasa cuantía, **también tendrá que examinar las normas internas del Estado miembro cuyos órganos jurisdiccionales sean competentes según las normas de la UE**, con el fin de averiguar cuáles son los órganos jurisdiccionales competentes, con arreglo al Derecho nacional, para tramitar la demanda por el proceso europeo de escasa cuantía. La situación varía de un Estado miembro a otro, ya que no está regulada a nivel de la UE.

En los Estados miembros en los que existe un procedimiento de escasa cuantía nacional o similar, **los mismos órganos jurisdiccionales competentes para tramitar los casos por el procedimiento nacional suelen ser los competentes** para conocer de las demandas por el procedimiento europeo de escasa cuantía. En ciertos Estados miembros existen normas específicas para determinar a qué órgano jurisdiccional dirigir una demanda por el procedimiento europeo de escasa cuantía, mientras que en otros Estados miembros existen varias opciones en función del objeto de la demanda.

Todo esto exige consultar las fuentes de información sobre las normas internas de los Estados miembros. Muchos Estados miembros disponen de sitios web que ofrecen esta información y están obligados, en virtud del Reglamento sobre el proceso europeo de escasa cuantía, a suministrarla a la Comisión Europea, que a su vez la pone a disposición del público en general.

Esta información adicional está disponible en el portal e-Justice[2], por el que se puede acceder al sitio web del Atlas Judicial Europeo, que contiene información actualizada sobre los Derechos nacionales de los Estados miembros.

3.1.8. Trámite del proceso europeo de escasa cuantía

El proceso europeo de escasa cuantía se concibió como un **procedimiento fundamentalmente escrito**. Solo se utilizan formularios para determinadas actuaciones procesales entre las partes y el tribunal. La utilización de dichos formularios permite la tramitación electrónica del PEEC, ya que los mismos se encuentran disponibles, on-line, en todas las lenguas en el **Portal Europeo de e-Justicia**[3].

Los Estados miembros, con arreglo al artículo 4, apartado 5, del Reglamento, tienen la obligación de garantizar el suministro de formularios de demanda en todos los órganos jurisdiccionales ante los que puede incoarse el proceso europeo de escasa cuantía.

Además, en virtud del artículo 11, los Estados miembros deben garantizar la prestación de asistencia a las partes para la cumplimentación de los formularios. El formulario de demanda contiene las instrucciones detalladas para su cumplimentación por el demandante. Además de en el Portal Europeo de e-Justicia los formularios deben ser accesibles a través de **sitios webs**

2 https://e-justice.europa.eu/content_small_claims-42-es.do

3 La cumplimentación de los formularios a través del Portal Europeo de e-Justicia se realiza mediante el siguiente enlace: https://e-justice.europa.eu/content_small_claims_forms-177-es.do.

nacionales adecuados, lo que podía cumplirse facilitando un enlace al Portal Europeo de e-Justicia, así lo señala Reglamento 2015/2421.

Los formularios[4] aparecen recogidos en el RPEEC, el cual contiene cuatro modelos detallados en sus correspondientes Anexos, que son los siguientes:

- Formulario A. Formulario de demanda.
- Formulario B. Solicitud del órgano jurisdiccional de que se complete o rectifique el formulario de demanda.
- Formulario C. Formulario de contestación.
- Formulario D. Certificado relativo a una sentencia dictada en el proceso europeo de escasa cuantía.

3.1.8.1. Formulación de la demanda

Para que se inicie el procedimiento se debe rellenar el **formulario A**, es necesario adjuntar al formulario de demanda todos los documentos justificativos en apoyo del mismo.

Esta documentación es necesaria para justificar el valor de la demanda, cuyo fundamento y pruebas podrán invocarse en caso de que el demandado se oponga a la misma, ya que el proceso europeo de escasa cuantía se aplica tanto a estos casos como a los que no reciben oposición.

Todo esto está regulado en el artículo 4, apartado 1, del Reglamento y en la parte 8 del formulario de demanda. Aunque el tribunal puede pedir más información al demandante, si la información que acompaña al formulario de demanda, junto con la suministrada en el propio formulario, fuera insuficiente para fundamentar la demanda, existe el riesgo de que esta sea rechazada, por lo que es preferible enviar toda la información pertinente al presentar el formulario de demanda, teniendo también en cuenta que podrá exigirse una traducción que repercutirá en el coste.

---

4 Formularios disponibles en el portal e- justicia: https://e-justice.europa.eu/177/ES/small_claims_forms?init=true

PROCESO EUROPEO DE ESCASA CUANTÍA

FORMULARIO A

FORMULARIO DE DEMANDA

[Artículo 4, apartado 1, del Reglamento (CE) n° 861/2007 del Parlamento Europeo y del Consejo, por el que se establece un proceso europeo de escasa cuantía]

Número del asunto (*):

Recibido por el órgano jurisdiccional el: __/__/____ (*)

(*) A cumplimentar por el órgano jurisdiccional.

INFORMACIÓN IMPORTANTE

LE ROGAMOS QUE LEA LAS INSTRUCCIONES QUE FIGURAN AL COMIENZO DE CADA SECCIÓN: LE AYUDARÁN A CUMPLIMENTAR EL PRESENTE FORMULARIO

Asistencia para cumplimentar el formulario

Puede usted beneficiarse de asistencia al rellenar el presente formulario. Para obtener tal ayuda puede consultar la información proporcionada por los Estados miembros, publicada en el sitio web del Atlas Judicial Europeo en materia civil y mercantil, disponible en el Portal Europeo de e-Justicia https://e-justice.europa.eu/content_small_claims-354-es.do. Tenga en cuenta que esta ayuda no incluye la asistencia jurídica gratuita, que ha solicitarse según lo establecido por el derecho nacional; tampoco incluye una evaluación jurídica de su caso.

Lengua

Cumplimente el presente formulario en la lengua empleada por el órgano jurisdiccional al que remite la demanda. Recuerde que el formulario está disponible en todas las lenguas oficiales de las instituciones de la Unión Europea en el sitio Internet del Atlas Judicial Europeo https://e-justice.europa.eu/content_small_claims_forms-177-es.do. Esto le ayudará a cumplimentar el formulario en la lengua adecuada.

Documentos justificativos

El formulario de demanda deberá ir acompañado, cuando proceda, de los documentos justificativos pertinentes. Ello no impide que usted pueda presentar, en su caso, otros medios de prueba durante el proceso.

Se entregará al demandado copia del formulario de demanda, así como, cuando proceda, de los documentos justificativos. El demandado tendrá la posibilidad de responder a la misma.

1. Órgano jurisdiccional

En este campo, debe indicar el órgano jurisdiccional ante el cual usted presenta la demanda. A la hora de elegir el órgano jurisdiccional, debe tener en cuenta los criterios de competencia del mismo. En la sección 4 se presenta una lista no exhaustiva de posibles criterios en los que fundar la competencia jurisdiccional. Puede utilizar la función de búsqueda especializada, disponible en el Portal Europeo de e-Justicia para encontrar los datos de contacto (dirección, número de teléfono, etc.) del órgano jurisdiccional competente:
https://e-justice.europa.eu/content_small_claims-354-es.do

1. *¿Ante qué órgano jurisdiccional presenta usted su demanda?*

1.1. Nombre:

1.2. Calle y número/Apartado de correos:

1.3. Ciudad y código postal:

1.4. País:

2. *Demandante*

En este campo debe identificarse como demandante usted o, en su caso, su representante. No es obligatorio estar representado por un abogado o por otro profesional del Derecho.

En algunos países puede no ser suficiente como dirección la de un apartado de correos, por lo que deberá incluir la calle, número y código postal. En caso de no hacerlo puede que no se entregue el documento.

Si tiene usted un número de identificación personal atribuido por las autoridades de un Estado miembro, sería útil que lo indicase. Si no cuenta usted con uno de estos números, sería útil que indicase el número de su pasaporte o documento de identidad, si lo tuviere. Si actúa usted en nombre de una persona jurídica o de cualquier otra entidad con capacidad jurídica, resultaría útil que indicase un número de registro pertinente.

En «Otros datos» puede constar la información que sea útil para identificarle, por ejemplo, su fecha de nacimiento, su empleo o su cargo en la empresa.

En caso de varios demandantes, utilice hojas suplementarias.

2. *Datos del demandante*

2.1. Apellidos y nombre/Razón o denominación social:

2.2. Número de identificación personal o número de pasaporte/número de registro:

2.3. Calle y número/Apartado de correos:

2.4. Ciudad y código postal:

2.5. País:

2.6. Teléfono (*):

2.7. Correo electrónico (*):

2.8. Representante del demandante, si lo tiene, e información de contacto(*):

2.9. Otros datos (*):

3. Demandante

En este campo debe identificar al demandado y, si sabe quién es, a su representante. Recuerde que no es obligatorio para el demandado estar representado por un abogado o por otro profesional del Derecho.

En algunos Estados miembros puede no ser suficiente como dirección la de un apartado de correos por lo que deberá incluir la calle, número y código postal. En caso de no hacerlo puede que no se entregue el documento.

Si conoce usted un número de identificación personal atribuido al demandado por las autoridades de un Estado miembro, sería útil que lo indicase. De forma alternativa o suplementaria, sería útil que indicase, si lo conoce, el número del pasaporte o del documento de identidad del demandado. Si el demandado fuere una persona jurídica o cualquier entidad con capacidad jurídica, resultaría útil que indicase, si lo conoce, un número de registro pertinente del demandante.

En «Otros datos» puede constar la información que sea útil para identificar a la persona, por ejemplo, su fecha de nacimiento, su empleo o su cargo en la empresa. En caso de varios demandados, utilice hojas suplementarias.

3. *Datos del demandado*

3.1. Apellidos y nombre/Razón o denominación social:

3.2. Número de identificación personal o número de pasaporte/número de registro:

(*) Facultativo.

2/9 Generado por el Portal Europeo de Justicia e-Justice

3.3. Calle y número/Apartado de correos:

3.4. Ciudad y código postal:

3.5. País:

3.6. Teléfono (*):

3.7. Correo electrónico (*):

3.8. Representante del demandante, si lo tiene, e información de contacto:

3.9. Otros datos (*):

4. *Órganos jurisdiccionales competentes*

El formulario de demanda deberá presentarse ante el órgano jurisdiccional competente para conocer de la misma. El órgano jurisdiccional debe tener competencia de conformidad con las normas del Reglamento (CE) n° 1215/2012 del Parlamento europeo y del Consejo.

En esta sección se presenta una lista no exhaustiva de posibles criterios en los que fundar la competencia judicial.

En el sitio Internet del Atlas Judicial Europeo puede hallar información sobre las normas de atribución de competencia: https://e-justice.europa.eu/content_brussels_i_regulation_recast-350-es.do.

Para una explicación de los términos jurídicos utilizados, puede consultar también la página: http://ec.europa.eu/civiljustice/glossary/glossary_es.htm.

4. *¿En qué criterios se funda la competencia del órgano jurisdiccional?*

4.1. Domicilio del demandado ☐
4.2. Domicilio del consumidor ☐
4.3. Domicilio del titular de la póliza, el asegurado o el beneficiario en cuestiones de seguros ☐
4.4. Lugar de cumplimiento de la obligación reclamada ☐
4.5. Lugar del daño ☐
4.6. Lugar en que está situado el inmueble ☐
4.7. Elección de órgano jurisdiccional acordada entre las partes ☐
4.8. Otros (indíquese)

5. *Carácter transfronterizo del asunto*

Para poder acogerse al proceso europeo de escasa cuantía, el asunto ha de tener carácter transfronterizo. El asunto tiene carácter transfronterizo si al menos una de las partes está domiciliada o reside habitualmente en un Estado miembro distinto del Estado miembro del órgano jurisdiccional ante el cual se presenta la demanda.

5. *Carácter transfronterizo del asunto*

5.1. País de domicilio o de residencia habitual del demandante:

5.2. País de domicilio o de residencia habitual del demandado:

(*) Facultativo.

5.3. Estado miembro del órgano jurisdiccional:

6. Datos bancarios (opcional)

En el campo 6.1. puede informar al órgano jurisdiccional del modo en que piensa abonar la tasa judicial. Recuerde que el órgano jurisdiccional al que remite su demanda puede no disponer necesariamente de todos los medios. Usted deberá comprobar cuáles son los modos de pago que el órgano jurisdiccional acepta. Para ello, podrá consultar la información facilitada por el Estado miembro de que se trate y publicada en el sitio web del Atlas Judicial Europeo en materia civil y mercantil, disponible en el Portal Europeo de e-Justicia https://e-justice.europa.eu/content_small_claims-354-es.do o ponerse en contacto con el órgano jurisdiccional de que se trate. Por estos mismos medios podrá obtener información sobre la cuantía de las tasas judiciales que tendrá que pagar.

Si opta por pagar mediante tarjeta de crédito o permite al órgano jurisdiccional efectuar el cobro de su cuenta corriente, deberá consignar los correspondientes datos de su tarjeta de crédito o cuenta corriente en el apéndice del presente formulario. La información del apéndice está destinada exclusivamente al órgano jurisdiccional y no será transmitida al demandado.

En el campo 6.2. se le ofrece la posibilidad de indicar de qué manera desea que el demandado le haga efectivo el pago de la deuda, por ejemplo en caso de que el demandado desee hacer efectivo el pago inmediatamente, aun antes de que se dicte la sentencia. Si desea que el pago se haga efectivo mediante transferencia bancaria, sírvase consignar los datos bancarios necesarios.

6. *Datos bancarios (*)*

6.1. ¿De qué forma abonará la tasa judicial?

6.1.1. Por transferencia bancaria ☐

6.1.2. Con tarjeta de crédito ☐ (rellene los datos en el apéndice)

6.1.3. Cobro directo de su cuenta bancaria ☐ (rellene los datos en el apéndice)

6.1.4. Otro (especifique):

6.2. ¿En qué cuenta desea que el demandado ingrese el importe reclamado u ordenado judicialmente?

6.2.1. Titular de la cuenta:

6.2.2. Nombre del banco, BIC u otro código bancario pertinente:

6.2.3. Número de cuenta/IBAN:

7. Demanda

Ámbito de aplicación: Tenga presente que el proceso europeo de escasa cuantía tiene un ámbito de aplicación limitado. No pueden tratarse mediante dicho proceso las demandas por valor superior a 5 000 EUR o que están enumeradas en el artículo 2 del Reglamento (CE) n° 861/2007 del Parlamento Europeo y del Consejo por el que se establece un proceso europeo de escasa cuantía. Si su demanda no guarda relación con un asunto que entre dentro del ámbito de aplicación de dicho Reglamento establecido por su artículo 2, el procedimiento proseguirá ante el órgano jurisdiccional competente de conformidad con las normas de procedimiento civil ordinario. Si en tal caso usted no desea proseguir el procedimiento, deberá retirar la demanda.

Demanda pecuniaria o de otro tipo: Deberá indicar si su demanda se refiere a dinero o a otra cosa (demanda no pecuniaria), por ejemplo, la entrega de bienes, y a continuación cumplimentar los campos 7.1 o 7.2 según corresponda. Si su demanda no es pecuniaria, sírvase cumplimentar el campo 7.2 e indicar en ella el valor estimado de su demanda. Si su demanda no es pecuniaria, deberá usted indicar si presenta una demanda secundaria de indemnización para el caso de que no pueda darse curso favorable a la demanda original.

Si desea solicitar la condena en costas del proceso (por ejemplo, gastos de traducción, minutas de abogado, gastos de notificación de documentos, etc.), deberá indicarlo en el campo 7.3. Recuerde que las normas relativas a las costas a cuyo pago pueden condenar los órganos jurisdiccionales pueden variar entre los distintos Estados miembros. En el sitio web del Portal Europeo de e-Justicia hallará información sobre las categorías de costas en los diferentes Estados miembros https://e-justice.europa.eu/content_costs_of_proceedings-37-es.do.

(*) Facultativo.

Si desea solicitar intereses contractuales, por ejemplo de un préstamo, indique el tipo de interés y la fecha a partir de la cual empieza a contar. En caso de sentencia favorable, el órgano jurisdiccional puede condenar al pago de los intereses legales sobre su demanda. Indique si desea solicitar dichos intereses y la fecha a partir de la cual se deberían devengar.

En su caso, utilice páginas adicionales para describir su demanda, por ejemplo si reclama usted varios pagos y los intereses se reclaman a partir de una fecha distinta para cada pago.

7. Precise su demanda

☐ 7.1. Por favor, indique el objeto de su demanda

7.1.1. Demanda pecuniaria:

7.1.2. Moneda:

☐ Euro (EUR) ☐ Leva búlgara (BGN) ☐ Kuna croata (HRK)
☐ Corona checa (CZK) ☐ Forinto húngaro (HUF) ☐ Libra esterlina (GBP)
☐ Esloti polaco (PLN) ☐ Leu rumano (RON) ☐ Corona sueca (SEK)
☐ Otro (especifique):

☐ 7.2. Demanda no pecuniaria:

7.2.1. Indique a qué se refiere su demanda:

7.2.2. Valor estimado de la demanda:

Moneda:

☐ Euro (EUR) ☐ Leva búlgara (BGN) ☐ Kuna croata (HRK)
☐ Corona checa (CZK) ☐ Forinto húngaro (HUF) ☐ Libra esterlina (GBP)
☐ Esloti polaco (PLN) ☐ Leu rumano (RON) ☐ Corona sueca (SEK)
☐ Otros (indíquese):

7.3. ¿Solicita la condena en costas del proceso?

7.3.1. Sí ☐

7.3.2. No ☐

7.3.3. En caso afirmativo, indique qué tipo de costas y la cantidad reclamada o gastada hasta la fecha:

7.4. ¿Reclama los intereses?

Sí ☐

No ☐

En caso afirmativo, el interés es

Contractual ☐ si es así, vaya al campo 7.4.1.

Legal ☐ si es así, vaya al campo 7.4.2.

7.4.1. En caso de intereses contractuales

1) El tipo de interés es:

☐ %

☐ % por encima del tipo básico del BCE

☐ otros:

2) Los intereses deben devengarse desde:

/ / (fecha)

☐ hasta: / / (fecha)

☐ hasta la fecha de la sentencia

	☐ hasta la fecha de pago del principal
7.4.2. En caso de intereses legales, estos deben devengarse desde: / / (fecha)	
	☐ hasta: / / (fecha)
	☐ hasta la fecha de la sentencia
	☐ hasta la fecha de pago del principal
7.5. ¿Reclama los intereses sobre las costas? Sí ☐ No ☐	
En caso afirmativo, estos deben devengarse desde:	☐ / / (fecha)
	☐ (acontecimiento)
hasta:	☐ / / (fecha)
	☐ hasta la fecha de pago de las costas

8. Información sobre la demanda

En el campo 8.1 describa sucintamente los motivos de su demanda.

En el campo 8.2 describa los elementos probatorios pertinentes que fundamentan su demanda. Estos pueden ser, por ejemplo, pruebas documentales (contratos, recibos, etc.), o testimonios orales o escritos de testigos. Indique en justificación de qué punto de su demanda se presenta cada uno de los elementos probatorios.
Si no tiene suficiente espacio, puede añadir hojas suplementarias.

8. *Información sobre la demanda*
8.1. Indique los motivos de su demanda, por ejemplo lo que ocurrió y el lugar y la fecha en que ocurrió.
8.2. Describa los elementos probatorios que desea presentar en apoyo de su demanda, indicando los puntos de la misma a que se refieren. Cuando sea conveniente, añada los documentos justificativos correspondientes.
8.2.1. Pruebas documentales ☐ Indíquese abajo
8.2.2. Testigos ☐ Indíquese abajo
8.2.3. Otros ☐ Indíquese abajo

9. *Vista oral*
Recuerde que el proceso europeo de escasa cuantía es un procedimiento escrito. No obstante, el órgano jurisdiccional puede acordar la celebración de una vista oral si considera que no es posible dictar sentencia sobre la base de las pruebas escritas. Puede usted solicitar, en este formulario o con posterioridad, que se celebre una vista oral. El órgano jurisdiccional podrá desestimar dicha solicitud si considera que, habida cuenta de las circunstancias del caso, la vista oral resulta innecesaria para el correcto desarrollo del procedimiento. La vista oral debe desarrollarse mediante medios de comunicación a distancia apropiados tales como la videoconferencia o la teleconferencia, siempre que el órgano jurisdiccional pueda valerse de ellos. Si la persona que debe ser oída está domiciliada en un Estado miembro distinto de aquel en que tenga su sede el órgano jurisdiccional, podrá acordarse una vista mediante medios de comunicación a distancia empleando los procedimientos previstos en el Reglamento (CE) n.º 1206/2001 del Consejo.
(https://e-justice.europa.eu/content_taking_of_evidence-76-es.do)
No obstante, el órgano jurisdiccional podrá acordar que las personas llamadas a comparecer en la vista deban hacerlo físicamente. Puede usted indicar sus preferencias al órgano jurisdiccional, pero tenga presente que, si se le exige estar presente físicamente en la vista, la recuperación de los costes ocasionados con relación a esta presencia está sujeta a lo establecido en el artículo 16 del Reglamento (CE) n.º 861/2007 por el que se establece un proceso europeo de escasa cuantía. Dicho artículo establece que el órgano jurisdiccional no eximirá de las costas a la parte ganadora en la medida en

6/9 Generado por el Portal Europeo de Justicia e-Justice

que estas se hayan generado de forma innecesaria o sean desproporcionadas con respecto a la deuda

9.1. ¿Desea solicitar una vista oral?

Si ☐

No ☐

En caso afirmativo, indique los motivos(*):

9.2 Si el órgano jurisdiccional acuerda la celebración de una vista oral, ¿desea usted estar presente físicamente?

Si ☐

No ☐

Indique los motivos(*):

10. *Notificación de documentos y comunicación con el órgano jurisdiccional*

Los documentos procesales, como por ejemplo su demanda, la contestación a la demanda, una posible demanda reconvencional o la sentencia, pueden ser notificados a las partes por vía postal o por medios electrónicos, en caso de que el órgano jurisdiccional pueda valerse de ellos desde un punto de vista técnico y de que sean admisibles con arreglo al derecho procesal del Estado miembro en que se sustancia el proceso. Cuando los documentos deban notificarse en un Estado miembro distinto de aquel en que se sustancia el proceso, deberán observarse también las normas procesales del Estado miembro en que se realice la notificación. Cabe asimismo la utilización de medios electrónicos para otras comunicaciones escritas (por ejemplo las solicitudes de comparecencia en la vista oral). Únicamente pueden emplearse medios electrónicos cuando el destinatario preste su consentimiento para su uso de forma expresa y por adelantado, o cuando esté legalmente obligado a aceptar las notificaciones electrónicas u otras comunicaciones escritas del órgano jurisdiccional con arreglo a las normas procesales del Estado miembro en que el destinatario esté domiciliado. Para saber si cabe o es admisible en el Estado miembro de que se trate el uso de medios electrónicos de notificación o comunicación, consulte la información disponible en el Portal Europeo de e-Justicia
https://e-justice.europa.eu/content_small_claims-354-es.do?clang=en

10.1. ¿Está usted de acuerdo en que se utilicen medios electrónicos de comunicación para la notificación de la contestación a la demanda, de posibles demandas reconvencionales y de la sentencia?

Si ☐

No ☐

10.2 ¿Está usted de acuerdo en que se utilicen medios electrónicos de comunicación para la recepción de comunicaciones escritas distintas de los documentos mencionados en el punto 10.1?

Si ☐

No ☐

11. Certificado

Una sentencia dictada en un Estado miembro en el proceso europeo de escasa cuantía puede ser reconocida y ejecutada en otro Estado miembro. Si quiere usted pedir que la sentencia sea reconocida y ejecutada en un Estado miembro que no sea el del órgano jurisdiccional, puede solicitar en el presente formulario que el órgano jurisdiccional, tras haber dictado resolución en su favor, expida un certificado relativo a dicha sentencia.

11.1 *Certificado*

Solicito al órgano jurisdiccional que expida un certificado relativo a la sentencia ☐

Si así lo solicitare usted, el órgano jurisdiccional podrá facilitarle el certificado en otra lengua mediante el uso de los formularios dinámicos disponibles en el Portal Europeo de e-Justicia. Esto puede resultar útil a efectos de la ejecución de la sentencia en otro Estado miembro. Tenga en cuenta que el órgano jurisdiccional no está obligado a facilitar una traducción o transliteración de textos introducidos en los campos de texto libre del certificado.

11.2 Solicito al órgano jurisdiccional que expida un certificado en una lengua diferente a la del proceso judicial, en particular:

☐ Búlgaro	☐ Español	☐ Checo
☐ Alemán	☐ Estonio	☐ Griego
☐ Inglés	☐ Francés	☐ croata
☐ Italiano	☐ Letón	☐ Lituano
☐ Húngaro	☐ Maltés	☐ Neerlandés

(*) Facultativo.

☐ Polaco ☐ Portugués ☐ Rumano
☐ Eslovaco ☐ Esloveno ☐ Finés
☐ Sueco

12. Fecha y firma

No olvide escribir claramente su nombre y apellidos, firma y fecha en la última página del formulario.

12. *Fecha y firma*

Por la presente, solicito que el órgano jurisdiccional dicte sentencia contra el demandado de conformidad con mi demanda.

Declaro que la información suministrada es verdadera a mi leal saber y entender y de buena fe.

Hecho en:

Fecha:

/ /

Apellidos y nombre; firma:

Apéndice del formulario de demanda (Formulario A)

Datos bancarios* a efectos del pago de la tasa judicial (*)

Titular de la cuenta/Titular de la tarjeta de crédito:
Nombre del banco, BIC u otro código bancario pertinente / Compañía de la tarjeta de crédito:
Número de cuenta o IBAN/Número de la tarjeta de crédito, fecha de caducidad y número de seguridad de la tarjeta de crédito:

3.1.8.1.1. Características del formulario A

La determinación de la base y la cuantía de la demanda es necesaria para rellenar la parte 8 del formulario A «**Datos detallados de la demanda**» y para asegurarse de que la cuantía de la demanda entra dentro del límite financiero del proceso europeo de escasa cuantía. Por lo que se refiere al primer aspecto, es muy importante declarar con la máxima claridad cada elemento de la demanda por separado, ya que el demandado puede oponerse a la misma.

Los hechos en que se basa la demanda se introducirán en el **recuadro 8 del formulario** de demanda e irán **acompañados de todos los documentos necesarios** para que el órgano jurisdiccional que recibe la demanda pueda determinar la cuantía del crédito, la base de la demanda y las pruebas en su apoyo. Si no se hace así, existe el riesgo de que el órgano jurisdiccional rechace la demanda por infundada o de que, por lo menos, solicite información adicional al demandante, con el consiguiente retraso en el procedimiento.

3.1.8.1.2. Cuantía de la demanda

Por lo que se refiere al valor de la demanda habrá que tener en cuenta que el **límite financiero (5.000 euros) se aplica con exclusión de todos los gastos, costas e intereses que se añaden a la deuda principal**. Si la deuda principal consta de varios elementos, estos deben declararse por separado, pero si el valor de todos los elementos considerados en su conjunto supera el límite financiero, la demanda no entrará en el ámbito de aplicación del proceso europeo de escasa cuantía.

3.1.8.1.3. Cálculo de los intereses

La deuda se valora sin tener en cuenta los intereses reclamados, pero hay que declarar el tipo o el importe de los intereses, así como la base sobre la cual estos se han devengado o se devengan a partir de la deuda principal, y esto ha de indicarse en el **recuadro 7 del apartado 7.4**. Ahora bien, si la deuda principal se basa en un requerimiento de pago de intereses, habrá que indicarlo en el **apartado 7.1**, y el valor de la deuda se calculará sobre esta base como deuda principal, aunque se reclamen intereses.

Un ejemplo de este caso sería el de una deuda principal por los intereses de un préstamo cuyo capital ya ha sido reembolsado por el demandado.

3.1.8.1.4. Coste de presentación de la demanda

En la mayoría de los Estados miembros los órganos jurisdiccionales cobran una tasa por admitir una demanda en el proceso europeo de escasa cuantía, y solo tramitan la demanda previo abono de la tasa. Esto significa que es necesario averiguar, en primer lugar, si el órgano jurisdiccional ante el que debe presentarse la demanda, es decir, el órgano jurisdiccional competente con arreglo a las normas nacionales y de la UE, exige el pago de una tasa por la presentación de la demanda. Si es así, el siguiente paso es averiguar el importe de la tasa y cómo se ha de abonar.

Esta información también está disponible en las páginas web nacionales y en el sitio web de la Red/Atlas Judicial Europeo. En cualquier caso, la forma de pago de las tasas se indicará en el **recuadro 6 del formulario de demanda**, que incluye varias opciones.

3.1.8.1.5. Envío de la demanda al órgano jurisdiccional

El Reglamento, en su artículo 4, apartado 1, establece claramente que **la demanda debe enviarse por correo o por cualquier medio de comunicación**, como fax o correo electrónico, aceptable para el Estado miembro en que se inicie el proceso europeo de escasa cuantía. Por tanto, **es necesario que el demandante conozca los medios de comunicación aceptables para el órgano jurisdiccional al que enviará el formulario** de demanda para incoar el procedimiento. A este respecto, se aplican los procedimientos nacionales de los Estados miembros, de los que se dispone de información por los medios habituales.

Los demandantes tendrán que averiguar en detalle el tipo de material, documental o no, que exige el órgano jurisdiccional para ser utilizado como prueba en apoyo de la demanda. No todos los órganos jurisdiccionales aceptan copias, escaneadas o de otro tipo, de los documentos, y algunos tribunales exigen los originales con arreglo a las normas nacionales en materia de prueba. En función de lo previsto a este respecto, puede ocurrir que un órgano jurisdiccional acepte una demanda electrónica pero no sea posible enviar el material de apoyo electrónicamente, en cuyo caso sería conveniente enviar el formulario de demanda con la documentación por cualquier otro medio aceptable para el órgano jurisdiccional.

3.1.8.1.6. Lengua

Con arreglo al artículo 6, apartado 1, el formulario de demanda deberá presentarse en la **lengua del órgano jurisdiccional**, y esto también se aplica a la descripción de los documentos justificativos de la parte 8.2 del formulario de demanda. **Hay que tener cuidado en seleccionar la lengua adecuada en los Estados miembros en los que hay varias lenguas «oficiales»**. Algunos Estados miembros también están dispuestos a admitir demandas en una lengua distinta de la lengua «oficial». Asimismo, hay que saber que el demandado puede negarse a aceptar la notificación del escrito de demanda y los documentos si no cumplen los requisitos de la lengua exigida. Si es necesaria una traducción a efectos del artículo 6, apartado 3, la responsabilidad de suministrarla y sufragar su coste corresponde a la parte que determine el órgano jurisdiccional. Lo mismo se aplica si una parte se niega a recibir la notificación de un documento por no estar redactado en la lengua correcta según el artículo 6, apartado 3.

3.1.8.2. Procedimiento tras la recepción de la demanda por el órgano jurisdiccional

Lo primero que tiene que hacer el órgano jurisdiccional tras la recepción del formulario de demanda y los documentos justificativos, y antes de notificar la documentación al demandado, es **comprobar que el formulario se ha cumplimentado debidamente** conforme a los requisitos del Reglamento. Si no es así, y salvo que considere desde un principio que la demanda está totalmente infundada o es inadmisible, en cuyo caso puede desestimarla, el órgano jurisdiccional **puede pedir al demandante que complete o rectifique el formulario** de demanda o que facilite información o documentación complementarias. Así se establece en el artículo 4, apartado 4.

Si el órgano jurisdiccional considera que la demanda, a pesar de estar correctamente cumplimentada y fundada, está fuera del ámbito de aplicación del Reglamento, por ejemplo, por versar sobre un objeto que no puede ser la base de una demanda en virtud del proceso europeo de escasa cuantía, o porque la cuantía de la demanda sobrepasa el límite financiero de este proceso, deberá notificarlo al demandante, con arreglo al artículo 4, apartado 3. El demandante podrá retirar la demanda y, en caso de que no lo haga, el órgano jurisdiccional deberá tramitarla, según establece el artículo 4, apartado 3, en el marco del procedimiento nacional aplicable.

Dado que el **proceso de rectificación** toma su tiempo, el demandante tiene interés en asegurarse de que el formulario esté correctamente cumplimentado y enviado al órgano jurisdiccional con todos los documentos justificativos desde un principio. A este respecto, **el demandante puede recurrir a los servicios de asistencia que los Estados miembros deben garantizar** con arreglo al artículo 11 para cumplimentar el formulario. En muchos Estados miembros la asistencia la presta el personal del órgano jurisdiccional.

3.1.8.3. Petición al demandante para que cumplimente o rectifique el formulario de demanda

Para esta petición se utiliza el **formulario B** previsto en el Reglamento. **Este formulario también puede utilizarse cuando el formulario de demanda no se ha presentado en la lengua del órgano jurisdiccional** a fin de pedir al demandante que lo presente en la lengua correcta. En el formulario el órgano jurisdiccional fija el plazo en que el solicitante deberá facilitar la información solicitada o devolver el formulario rectificado. En el artículo 14, apartado 2, del Reglamento, se establece que este plazo podrá ser prorrogado por el órgano jurisdiccional en circunstancias excepcionales. Si el solicitante no responde dentro del plazo o no cumplimenta correctamente el formulario en la lengua adecuada, la demanda puede ser desestimada. **La desestimación de la demanda por este motivo no afectará al fondo del mismo**, que podrá ser objeto de un nuevo proceso europeo de escasa cuantía, o interponerse con arreglo al procedimiento nacional aplicable.

A continuación, se expone el **FORMULARIO B** del proceso europeo de escasa cuantía:

PROCESO EUROPEO DE ESCASA CUANTÍA

FORMULARIO B

SOLICITUD DEL ÓRGANO JURISDICCIONAL DE QUE SE COMPLETE O RECTIFIQUE EL FORMULARIO DE DEMANDA

[Artículo 4, apartado 4, del Reglamento (CE) n° 861/2007 del Parlamento Europeo y del Consejo, por el que se establece un proceso europeo de escasa cuantía]

A cumplimentar por el órgano jurisdiccional

Número del asunto:

Recibido por el órgano jurisdiccional el:
/ /

1. *Órgano jurisdiccional*

1.1. Nombre:

1.2. Calle y número/Apartado de correos:

1.3. Ciudad y código postal:

1.4 País:

2. *Demandante*

2.1. Apellidos y nombre/Razón o denominación social:

2.2. Número de identificación personal o número de pasaporte/número de registro(*):

2.3. Calle y número/Apartado de correos:

2.4. Ciudad y código postal:

2.5. País:

2.6. Teléfono (*):

2.7. Correo electrónico (*):

2.8. Representante del demandante, si lo tiene, e información de contacto(*):

(*) Facultativo.

2.9. Otros datos (*):

3. *Demandado*

3.1. Apellidos y nombre/Razón o denominación social:

3.2. Número de identificación personal o número de pasaporte/número de registro(*):

3.3. Calle y número/Apartado de correos:

3.4. Ciudad y código postal:

3.5 País:

3.6. Teléfono (*):

3.7. Correo electrónico (*):

3.8. Representante del demandado, si lo tiene, e información de contacto(*):

3.9. Otros datos(*):

El órgano jurisdiccional ha examinado su formulario de demanda y considera que no está cumplimentado de manera pertinente o con suficiente claridad. Complete o rectifique su formulario, en la lengua del órgano jurisdiccional que se indica más abajo, a la mayor brevedad y, a más tardar, el

El órgano jurisdiccional desestimará su solicitud, con arreglo a las condiciones establecidas en el Reglamento (CE) n° 861/2007, en caso de que usted no la complete o rectifique en el plazo arriba indicado.

Su formulario de demanda no fue cumplimentado en la lengua correcta. Cumpliméntelo en una de las siguientes lenguas:

Búlgaro	☐	Checo	☐	Alemán	☐
Estonio	☐	Español	☐	Griego	☐
Francés	☐	Irlandés	☐	croata	☐
Italiano	☐	Letón	☐	Lituano	☐
Húngaro	☐	Maltés	☐	Neerlandés	☐

(*) Facultativo.

2/3 Generado por el Portal Europeo de Justicia e-

Polaco	☐	Portugués	☐	Rumano	☐
Eslovaco	☐	Esloveno	☐	Finés	☐
Sueco	☐	Inglés	☐		
		Otras (indíquese):			

Debe completar o rectificar los campos del formulario de demanda que se indican a continuación:

Hecho en:

Fecha:

/ /

Firma y/o sello:

3.1.8.4. Envío del formulario de demanda al demandado

El órgano jurisdiccional envía copia del formulario de demanda, formulario A y el formulario C. A continuación, se muestra el **FORMULARIO C** del proceso de escasa cuantía:

PROCESO EUROPEO DE ESCASA CUANTÍA

FORMULARIO C

FORMULARIO DE CONTESTACIÓN

[Artículo 5, apartados 2 y 3, del Reglamento (CE) n° 861/2007 del Parlamento Europeo y del Consejo, por el que se establece un proceso europeo de escasa cuantía]

INFORMACIÓN E INSTRUCCIONES IMPORTANTES PARA EL DEMANDADO

Se ha presentado contra usted una demanda, tal como figura en el formulario de demanda adjunto, en el marco del proceso europeo de escasa cuantía.

Le rogamos responda a la demanda, bien rellenando la parte II del presente formulario y remitiéndola al órgano jurisdiccional, o bien de cualquier otra forma adecuada, en el plazo de 30 días a partir de la fecha de recepción del formulario de demanda junto con el formulario de contestación.

Le rogamos tenga en cuenta que, si no contesta en un plazo de 30 días, el órgano jurisdiccional dictará sentencia.

No olvide escribir con claridad su nombre y apellidos, firma y fecha al final del formulario de contestación.

Lea las instrucciones que figuran en el formulario de demanda, que pueden ayudarle a elaborar su respuesta.

Asistencia para cumplimentar el formulario

Puede usted beneficiarse de asistencia al rellenar el presente formulario. Para obtener tal ayuda puede consultar la información proporcionada por los Estados miembros, publicada en el sitio web del Atlas Judicial Europeo en materia civil y mercantil, disponible en el Portal Europeo de e-Justicia https://e-justice.europa.eu/content_small_claims-354-es.do. Tenga en cuenta que esta ayuda no incluye la asistencia jurídica gratuita, que ha solicitarse según lo establecido por el derecho nacional; tampoco incluye una evaluación jurídica de su caso.

Lengua: Cumplimente el presente formulario en la lengua empleada por el órgano jurisdiccional que se lo ha remitido.

Recuerde que el formulario está disponible en todas las lenguas oficiales de las instituciones de la Unión Europea en el Portal Europeo de e-Justicia https://e-justice.europa.eu/content_small_claims_forms-177-es.do. Esto le ayudará a cumplimentar el formulario en la lengua adecuada.

Vista oral: Recuerde que el proceso europeo de escasa cuantía es un procedimiento escrito. No obstante, el órgano jurisdiccional puede acordar la celebración de una vista oral si considera que no es posible dictar sentencia sobre la base de las pruebas escritas. Puede usted solicitar, en este formulario o con posterioridad, que se celebre una vista oral. El órgano jurisdiccional podrá desestimar dicha solicitud si considera que, habida cuenta de las circunstancias del caso, la vista oral resulta innecesaria para el correcto desarrollo del procedimiento. La vista oral debe desarrollarse mediante medios de comunicación a distancia apropiados tales como la videoconferencia o la teleconferencia, siempre que el órgano jurisdiccional pueda valerse de ellos. Si la persona que debe ser oída está domiciliada en un Estado miembro distinto de aquel en que tenga su sede el órgano jurisdiccional, podrá acordarse una vista mediante medios de comunicación a distancia empleando los procedimientos previstos en el Reglamento (CE) n.º 1206/2001 del Consejo.
(https://e-justice.europa.eu/content_taking_of_evidence-76-es.do)
No obstante, el órgano jurisdiccional podrá acordar que las personas llamadas a comparecer en la vista deban hacerlo físicamente. Puede usted indicar sus preferencias al órgano jurisdiccional, pero tenga presente que, si se le exige estar presente físicamente en la vista, la recuperación de los costes ocasionados con relación a esta presencia está sujeta a lo establecido en el artículo 16 del Reglamento (CE) n.º 861/2007 por el que se establece un proceso europeo de escasa cuantía. Dicho artículo establece que el órgano jurisdiccional no eximirá de las costas a la parte ganadora en la medida en que estas se hayan generado de forma innecesaria o sean desproporcionadas con respecto a la deuda

Documentos justificativos: Puede usted indicar posibles medios de prueba y añadir, si procede, documentos justificativos.

Competencia en caso de reconvención: Si desea presentar una demanda contra el demandante (reconvención), cumplimente y adjunte por separado el formulario A, que puede usted encontrar en el sitio web del Portal Europeo de e-Justicia https://e-justice.europa.eu/content_small_claims_forms-177-es.do u obtener del órgano jurisdiccional que le ha enviado el presente formulario. Recuerde que, a efectos de la demanda reconvencional, usted será considerado el demandante.

Corrección de sus datos: Puede también corregir o completar la información relativa a usted (por ejemplo, información de contacto, representante, etc.) que figura en la sección 6 («Otra información»).

Notificación de documentos y comunicación con el órgano jurisdiccional: Los documentos procesales, como por ejemplo su contestación a la demanda y la sentencia, pueden ser notificados a las partes por vía postal o por medios electrónicos, en caso de que el órgano jurisdiccional pueda valerse de ellos desde un punto de vista técnico y de que sean admisibles con arreglo al derecho procesal del Estado miembro en que se sustancia el proceso. Cuando los documentos deban notificarse en un Estado miembro distinto de aquel en que se sustancia el proceso, deberán observarse también las normas procesales del Estado miembro en que se realice la notificación. Cabe asimismo la utilización de medios electrónicos para otras comunicaciones escritas (por ejemplo las solicitudes de comparecencia en la vista oral). Únicamente pueden emplearse medios electrónicos cuando el destinatario preste su consentimiento para su uso de forma expresa y por

1/4

Generado por el Portal Europeo de Justicia e-Justice

adelantado, o cuando esté legalmente obligado a aceptar las notificaciones electrónicas u otras comunicaciones escritas del órgano jurisdiccional con arreglo a las normas procesales del Estado miembro en que el destinatario esté domiciliado. Para saber si cabe o es admisible en el Estado miembro de que se trate el uso de medios electrónicos de notificación o comunicación, consulte la información disponible en el Portal Europeo de e-Justicia https://e-justice.europa.eu/content_small_claims-354-es.do?clang=en

Espacio adicional: Si no tiene suficiente espacio, puede añadir hojas suplementarias.

Parte I (a cumplimentar por el órgano jurisdiccional)

Apellidos y nombre del demandante:

Apellidos y nombre del demandado:

Órgano jurisdiccional:

Demanda:

Número del asunto:

Parte II (a cumplimentar por el demandado)

1. ¿Se allana a la demanda?

Sí ☐

No ☐

Parcialmente ☐

Si ha respondido «No» o «Parcialmente», indique los motivos:

La demanda queda fuera del ámbito de aplicación del proceso de escasa cuantía (indíquese abajo) ☐

Otros (indíquese abajo) ☐

2. Si no se allana a la demanda, describa los elementos probatorios que desea presentar para oponerse a ella. Indique a qué puntos de su demanda se refieren. Cuando sea conveniente, añada los documentos justificativos correspondientes.

Pruebas documentales ☐ indíquese abajo

Testigos ☐ indíquese abajo

Otros ☐ indíquese abajo

3. ¿Desea solicitar una vista oral? ☐

En caso afirmativo, indique los motivos (*):

4. Si el órgano jurisdiccional acuerda la celebración de una vista oral, ¿desea usted estar presente físicamente? ☐

Indique los motivos(*):

5. ¿Solicita la condena en costas del proceso? ☐

En caso afirmativo, indique qué tipo de costas y, si es posible, la cantidad reclamada o gastada hasta la fecha:

6. ¿Desea presentar una demanda reconvencional? ☐

En caso afirmativo, cumplimente y adjunte un formulario A por separado.

7.1. ¿Está de acuerdo en que se utilicen medios electrónicos para la notificación de la sentencia? ☐

7.2 ¿Está de acuerdo en que se utilicen medios electrónicos para ☐

3/4

Generado por el Portal Europeo de Justicia e-Justice

recibir comunicaciones escritas que no sean la sentencia?

8. Otra información (*)

9. Fecha y firma

Declaro que la información facilitada es correcta por lo que me consta y se presenta de buena fe.

Hecho en:

Fecha:

/ /

Apellidos y nombre; firma:

(*) Facultativo.

Una vez que el órgano jurisdiccional ha decidido que la demanda puede tramitarse por el proceso europeo de escasa cuantía, ya sea en su forma original presentada por el demandante, ya sea tras la rectificación del formulario de demanda o el suministro de información o documentación complementaria por el demandante, el órgano jurisdiccional envía al demandado una copia del formulario de demanda y los documentos justificativos, así como un formulario de contestación C del que el órgano jurisdiccional ha de completar la primera parte.

3.1.8.4.1. Plazo

El órgano jurisdiccional debe enviar los documentos en el **plazo de 14 días** a partir de la fecha en que recibió el formulario de demanda debidamente cumplimentado a efectos del proceso europeo de escasa cuantía.

Este plazo empezará a correr a partir de la fecha original de recepción del formulario de demanda en caso de que no se haya pedido su rectificación ni información complementaria, o a partir de la fecha fijada al demandante para que rectifique, complete el formulario o aporte información complementaria.

3.1.8.4.2. Modalidades de notificación

Con arreglo al artículo 13, apartado 1, **el órgano jurisdiccional tiene que enviar por correo el formulario C** con la copia del formulario de demanda y los documentos justificativos y un **acuse de recibo** que indique la fecha de recepción.

3.1.8.4.3. Normas de notificación aplicables por defecto

Si la notificación no se realiza por correo en la forma indicada, el Reglamento establece que, a efectos del proceso europeo de escasa cuantía, podrán aplicarse los métodos de notificación previstos en el Reglamento relativo al título ejecutivo europeo.

En relación con estas normas por defecto, véanse los artículos 13 y 14 del Reglamento. Se subraya que **estas normas de notificación** tomadas del Reglamento relativo al título ejecutivo europeo **son normas supletorias** que solo se aplicarán en el caso de que la notificación no se realice en la forma prevista en el artículo 13, apartado 1, del Reglamento sobre el proceso europeo de escasa cuantía. Las normas supletorias son las siguientes:

a) Notificación con acuse de recibo por el destinatario o por un representante de este.

En resumen, los métodos de notificación con acuse de recibo especificados en el artículo 13 del Reglamento relativo al título ejecutivo europeo incluyen:

- La notificación personal con acuse de recibo firmado por el destinatario.

- Una declaración de la persona competente que haya realizado la notificación en la que declare que el destinatario recibió el documento o se negó a recibirlo sin justificación legal.
- La notificación por correo acreditada mediante acuse de recibo firmado por el destinatario.
- La notificación por medios electrónicos acreditada mediante acuse de recibo firmado por el destinatario.

b) Notificación sin acuse de recibo por el destinatario o por un representante de este.

Del mismo modo, los métodos de notificación sin acuse de recibo especificados en el artículo 14 del Reglamento incluyen:

- La notificación en el domicilio personal del destinatario a personas que vivan o estén empleadas en la misma dirección de este.
- En el caso de un destinatario que ejerza una actividad por cuenta propia o que sea una persona jurídica, la notificación también puede realizarse en los locales del destinatario a las personas empleadas por este.
- Depósito del documento en el buzón del destinatario.
- Depósito del documento en una oficina de correos o ante la autoridad pública competente y notificación escrita de dicho depósito en el buzón del destinatario en la que conste claramente que se trata de un documento judicial o que tiene efectos jurídicos de notificación que dan inicio a los plazos.

Cuando se emplee cualquiera de estos cuatro métodos, la notificación se acreditará:

- Bien por acuse de recibo firmado por la persona a la que se notifican los documentos, o bien.
- Por un documento firmado por la persona que realizó la notificación en que conste el método de notificación utilizado, la fecha de la notificación y el nombre de la persona que recibió los documentos, así como su relación con el destinatario.

La notificación también podrá efectuarse:

- Por correo sin acuse de recibo cuando el destinatario esté domiciliado en el Estado miembro en que se encuentre el órgano jurisdiccional que conoce del fondo de la demanda;
- Por vía electrónica certificada por una confirmación automática de la entrega, siempre que el destinatario haya aceptado previamente este método de notificación.

La notificación por cualquiera de estos métodos no será admisible si la dirección del destinatario no se conoce con precisión.

3.1.8.5. Actuación del demandado tras la recepción del formulario de demanda

Tras la recepción del formulario de demanda, el demandado puede:

- **Contestar en el plazo de 30 días** a partir de la notificación del formulario de demanda.
- Rellenando la **parte II del formulario de contestación C** y remitiéndola al órgano jurisdiccional con los documentos justificativos pertinentes.
- Por cualquier otro medio adecuado, sin utilizar el formulario de contestación.
- No contestar, en cuyo caso el órgano jurisdiccional dictará una resolución sobre la demanda después de transcurridos 30 días a partir de la fecha de notificación.

El demandado, en su contestación, podrá, entre otras cosas:

- Aceptar la demanda o el litigio, en su totalidad o en parte.
- Impugnar el criterio de competencia aplicado en la demanda.
- Oponerse a la demanda alegando que, está fuera del ámbito de aplicación material del proceso europeo de escasa cuantía. En el apartado 1 de la parte II del formulario de contestación C hay un espacio reservado a tal efecto, o no es un asunto transfronterizo en el sentido del artículo 3 del Reglamento.
- Declarar, que la cuantía de la demanda, si no es pecuniaria, supera el límite previsto para el proceso europeo de escasa cuantía.
- Oponerse a la demanda en cuanto al fondo o al importe reclamado.
- Indicar, utilizando el apartado 2 de la parte II del formulario de contestación, los testigos y otras pruebas que se aportarán, y adjuntar los documentos de apoyo pertinentes.
- Solicitar una vista oral utilizando el apartado 3 del formulario de contestación.
- Presentar una demanda de reconvención mediante el formulario de demanda A junto con los documentos justificativos pertinentes y el formulario de contestación.

El demandado no está obligado a enviar los documentos al demandante; esto le corresponde hacerlo al órgano jurisdiccional, de conformidad con el artículo 5, apartados 4 y 6, del Reglamento.

3.1.8.6. La demanda o la reconvención superan el límite

Si el demandado declara que el valor de una demanda no pecuniaria supera el límite financiero del proceso europeo de escasa cuantía, **el órgano juris-**

diccional debe dictar una resolución en la materia en los 30 días siguientes a la fecha de envío de la contestación al demandante. Si el demandado presenta una demanda de reconvención, el demandante tendrá el mismo derecho a alegar que la demanda de contravención sobrepasa el límite financiero. Del artículo 2, apartado 1, y del artículo 5, apartado 5, se desprende, en su aplicación a la demanda de reconvención en virtud del artículo 5, apartado 7, que el demandante y el demandado tendrán respectivamente la oportunidad de oponerse a sus posiciones respectivas sobre este punto en el marco del procedimiento. La resolución del órgano jurisdiccional en esta materia no entra en el fondo de la demanda ni de la reconvención, sino que se limita a determinar si la demanda entra en el ámbito del procedimiento. El Reglamento, en su artículo 5, apartados 5 y 7, establece que la resolución del órgano jurisdiccional sobre este punto no podrá ser impugnada como un asunto separado.

3.1.8.7. La demanda de reconvención

Si el demandado presenta una demanda de reconvención, como establece el artículo 5, apartado 7, se aplicarán a esta, al igual que a la demanda principal, todas las disposiciones del Reglamento, concretamente el artículo 4, el artículo 5, apartados 3 a 5, y el artículo 2. Esto significa que la demanda de reconvención debe ajustarse al Reglamento y que las disposiciones sobre el inicio del procedimiento se aplicarán también a la demanda de reconvención. **En relación con la demanda de reconvención, se aplican los puntos adicionales siguientes**:

- El órgano jurisdiccional tiene que notificar la demanda de reconvención y los documentos justificativos al demandante en un plazo de 14 días a partir de su recepción.
- El demandante debe responder en un **plazo de 30 días** a partir de la notificación.
- Si la cuantía de la demanda de reconvención supera los límites financieros del proceso europeo de escasa cuantía, la totalidad del asunto, es decir, la demanda y la reconvención, quedará fuera del proceso europeo de escasa cuantía y se tramitará conforme a los procedimientos aplicables en el Estado miembro donde se encuentre el órgano jurisdiccional al que se haya sometido el asunto, ya sea en este mismo órgano jurisdiccional o en otro que sea competente según la ley nacional.

La demanda y la reconvención se tramitarán por separado a efectos de su evaluación. Esto se debe a que el artículo 2 se aplica a la reconvención en virtud del artículo 5, apartado 7. También se deduce que el valor acumulado de la demanda y la reconvención no tendrá que atenerse al límite financiero para que el asunto siga tramitándose por el proceso europeo de escasa cuantía. Así, para tomar esta decisión, el órgano jurisdiccional no puede considerar más que los valores respectivos de la demanda y la reconvención.

3.1.8.8. Plazos

Hay plazos fijos que se aplican en todas las fases del proceso europeo de escasa cuantía. Su cumplimiento es especialmente importante al inicio y en el momento en que el órgano jurisdiccional empieza a examinar el asunto.

En concreto, los plazos establecidos en el artículo 5 son fundamentales para lograr un proceso rápido, especialmente en lo que respecta a la notificación de los documentos y las contestaciones del demandado y el demandante, en función del curso que siga la demanda. De conformidad con el artículo 14, apartado 2, el órgano jurisdiccional puede flexibilizar los plazos fijados al demandado para contestar a la demanda —de conformidad con el artículo 5, apartado 3— y al demandante para responder a la demanda de reconvención, con arreglo al artículo 5, apartado 6, pero únicamente en circunstancias excepcionales.

3.1.8.9. Lengua

Hay que tener presente que las normas sobre la lengua que deberá usarse en el proceso europeo de escasa cuantía para la respuesta del demandado, la reconvención, la respuesta a esta y la descripción de los documentos justificativos de la contravención son **las mismas que las utilizadas para la demanda principal**.

3.1.9. Comprobación de los hechos

El órgano jurisdiccional determina de oficio los hechos, así **el primer cometido del órgano jurisdiccional es determinar los hechos del litigio** que se recogen en la demanda o la contravención en el marco del proceso europeo de escasa cuantía.

Con arreglo a los artículos pertinentes del Reglamento —artículo 4, apartado 4, artículo 7, apartado 1, y artículo 9, apartado 1—, corresponde al órgano jurisdiccional realizar esta determinación por propia iniciativa e indicar a las partes la información que deben presentar para que se pueda dictar una resolución sobre el litigio. De este modo, la gestión y el control del procedimiento se atribuyen al órgano jurisdiccional para que este garantice la consecución de los objetivos de un procedimiento rápido, sencillo y relativamente menos costoso previstos en el Reglamento.

El órgano jurisdiccional también determina la naturaleza y los medios de práctica de las pruebas. El artículo 9 establece que el órgano jurisdiccional determinará los medios de práctica de las pruebas y aceptará las pruebas periciales y los testimonios orales únicamente cuando sea necesario para dictar sentencia. Al decidir sobre esta cuestión, el órgano jurisdiccional **ha de tener en cuenta el coste de las pruebas**, en el contexto del objetivo enunciado, entre otros, en los artículos 1 y 16 y el considerando de que el proceso europeo de escasa cuantía debería reducir los costes de tramitación de las demandas transfronterizas de escasa cuantía.

El artículo 5, apartado 1, dispone que **compete al órgano jurisdiccional decidir si necesita celebrar una vista oral para determinar los hechos**, pero la celebración de **la vista es facultativa** y el órgano jurisdiccional puede practicar pruebas sin que tenga lugar.

3.1.9.1. Información adicional aportada por el demandante y el demandado

Como establecen el artículo 4, apartado 4, y el artículo 5, apartado 7, tras la recepción del formulario de demanda o de la demanda de reconvención, **el órgano jurisdiccional, si lo considera necesario, puede instar a las partes a que faciliten información adicional.** Como este cometido se ha atribuido al órgano jurisdiccional para determinar los hechos y esclarecer cuestiones relativas a la demanda, el artículo 7, apartado 1, letra a) también permite al órgano jurisdiccional solicitar información complementaria en relación con la demanda, una vez recibida la contestación a la demanda o a la reconvención tras la notificación.

El órgano jurisdiccional fija un plazo para el suministro de la información que, tal como establece el artículo 14, apartado 2, podrá prorrogarse también en circunstancias excepcionales. Según el artículo 7, apartado 3, leído en relación con el artículo 14, apartado 1, el órgano jurisdiccional debe informar a la parte a la que ha solicitado información de las consecuencias del incumplimiento del plazo, que podrían dar lugar a una decisión desfavorable contra esta parte o a la desestimación de la demanda.

Todas estas disposiciones pretenden reforzar la función del órgano jurisdiccional en la tramitación del asunto, así como acelerar la adopción de una resolución.

3.1.9.2. El órgano jurisdiccional decide celebrar una vista

El órgano jurisdiccional celebra una vista solo en caso necesario, compete al juez, si lo considera necesario, celebrar una vista para determinar los hechos. Esto concuerda con el principio establecido en el artículo 5, apartado 1, de que el proceso europeo de escasa cuantía es fundamentalmente un procedimiento escrito y el órgano jurisdiccional solo celebrará una vista oral si lo considera necesario para resolver cuestiones de hecho controvertidas que no puedan resolverse por otros medios, como la petición de información a una o ambas partes, o bien a instancia de una parte.

Por consiguiente, **el órgano jurisdiccional decidirá si celebra una vista en cada caso concreto**, considerando los hechos específicos en litigio y la información disponible que pueda obtener sin necesidad de celebrar una vista. El órgano jurisdiccional, en el ejercicio de sus funciones con arreglo al artículo 5, apartado 1, y en aplicación del principio general de que el proceso europeo de escasa cuantía debe ser un procedimiento escrito en el que la celebración de una vista es un hecho excepcional, decidirá sobre la celebración de la vista en cada caso concreto, considerando las circunstancias particulares, y se abstendrá de hacerlo por sistema en todos los asuntos tramitados por el proceso europeo de escasa cuantía. **Los órganos jurisdiccionales deberán considerar aspectos como el coste y la conveniencia de celebrar la vista.**

El órgano jurisdiccional puede denegar la celebración de una vista, aun en el caso de que lo solicite una parte, si tras examinar las circunstancias del caso considera que la vista no es necesaria para resolver las cuestiones en litigio o para la tramitación equitativa del asunto. Al decidir sobre la celebración de una vista y el desarrollo de la misma, el órgano jurisdiccional debe respetar el derecho a un juicio justo y el principio contradictorio del proceso, tal como se establece en el considerando. **El órgano jurisdiccional debe motivar por escrito la denegación de la vista**, si bien el artículo 5, apartado 1, establece claramente que la decisión de denegación no podrá ser objeto de recurso ni de revisión por separado.

El artículo 9, apartado 1, establece sin lugar a dudas que compete al órgano jurisdiccional determinar los medios de prueba y las pruebas necesarias para dictar sentencia. Las decisiones sobre estas cuestiones han de adoptarse con arreglo a las normas de admisibilidad de las pruebas que forman parte de la legislación aplicable a los procedimientos judiciales pertinentes y, por tanto, del Derecho procesal nacional. El artículo 9, apartado 2, establece que, si la legislación y el procedimiento lo permiten, el órgano jurisdiccional podrá admitir testimonios escritos.

El órgano jurisdiccional ha de tener en cuenta los objetivos de máxima rapidez y mínimo coste del procedimiento, por lo que el artículo 9, apartado 3, establece que deberá optar por el medio de práctica de la prueba más sencillo y menos gravoso. Cuando las pruebas deban practicarse en otro Estado miembro de la UE, el órgano jurisdiccional deberá considerar la posibilidad de utilizar los procedimientos establecidos en las normas de la UE pertinentes y, en particular, los previstos en el Reglamento relativo a la cooperación entre los órganos jurisdiccionales de los Estados miembros en el ámbito de la obtención de pruebas en materia civil o mercantil. Según el artículo 9, apartado 2, el órgano jurisdiccional tendrá en cuenta el coste de la práctica de las pruebas a la hora de decidir aceptar pruebas periciales o testimonios orales.

3.1.9.3. Utilización de las tecnologías de la información y la comunicación

El artículo 8 y el artículo 9, apartado 1, disponen que **el órgano jurisdiccional fomentará el uso de tecnologías de la información y la comunicación,** como la videoconferencia o la teleconferencia, para la celebración de una vista o como medio de práctica de la prueba. Esto contribuye a reducir al mínimo los costes y a acelerar el procedimiento, pero depende de la disponibilidad de los medios técnicos correspondientes.

Si se dispone de dichos medios, su uso puede ahorrar tiempo y dinero en aquellos casos en que el órgano jurisdiccional decida, excepcionalmente, deducir testimonios orales en otro Estado miembro. En estos casos, el órgano jurisdiccional puede acogerse a las disposiciones del Reglamento relativo a la prueba para simplificar el proceso de práctica de las pruebas en el ámbito transfronterizo.

3.1.9.4. La función del órgano jurisdiccional

El órgano jurisdiccional determina el procedimiento aplicable

Los principales objetivos del proceso europeo de escasa cuantía, según lo establecido en el artículo 1 del Reglamento, **son acelerar, simplificar y reducir los costes de los litigios de escasa cuantía en asuntos transfronterizos en la UE** y, de este modo, facilitar el acceso a la justicia. Para conseguir estos objetivos, se ha conferido a los órganos jurisdiccionales la función esencial de tomar la iniciativa a la hora de controlar y determinar el procedimiento aplicable en el marco del proceso europeo de escasa cuantía, y de aplicar el Derecho procesal nacional en consecuencia. Aparte de determinar los medios de práctica de la prueba y las pruebas necesarias, el órgano jurisdiccional debe aplicar el procedimiento con arreglo al principio contradictorio del proceso y el derecho a un juicio justo. Por otra parte, el artículo 12, apartado 3, obliga al órgano jurisdiccional a conseguir la conciliación entre las partes, en el momento que proceda, y esta obligación no se limita a la vista, sino que se extiende a lo largo de todo el procedimiento de demanda y reconvención.

El órgano jurisdiccional informa a las partes sobre las cuestiones procesales

La obligación del órgano jurisdiccional de controlar y determinar el procedimiento aplicable en el marco del proceso europeo de escasa cuantía se ve reforzada por el artículo 12, apartado 2, en virtud del cual el órgano jurisdiccional tiene que asistir a las partes informándoles sobre las cuestiones procesales. Se deduce que deberá hacerlo con imparcialidad respecto de las partes, a fin de garantizar la equidad del procedimiento.

La obligación de informar a las partes sobre las cuestiones procesales puede cumplirse de diversas maneras en función de los procedimientos nacionales. Por ejemplo, podría lograrse oralmente durante el procedimiento o bien por medio de comunicaciones electrónicas, como la teleconferencia o el correo electrónico, o por otros medios permitidos por la legislación nacional. El artículo 12, apartado 1, dispone que las partes no deberán realizar una valoración jurídica de la demanda y confía esta tarea al órgano jurisdiccional. A efectos del proceso europeo de escasa cuantía, un órgano jurisdiccional debe contar al menos con una persona cualificada para ejercer como juez, de conformidad con el Derecho del Estado miembro del órgano jurisdiccional que tramite la demanda.

3.1.9.5. Plazos

En un **plazo de 30 días** a partir de la recepción de la contestación del demandado a la demanda, o de la contestación del demandante a la demanda de reconvención, el órgano jurisdiccional tiene que decidir si procederá a la práctica de la prueba o si convocará a las partes a una vista, si ha decidido celebrarla.

Teniendo presente la rapidez exigida, el órgano jurisdiccional celebrará la vista en el plazo de 30 días a partir de la convocatoria de las partes. Como ya se ha mencionado en el apartado 5.2, el artículo 14, apartado 2, establece que determinados plazos podrán prorrogarse, pero solamente en circunstancias excepcionales, lo que se aplica también al plazo de treinta días fijado en el artículo 7. No obstante, dado el objetivo de acelerar al máximo todas las fases del proceso europeo de escasa cuantía, y que dicho plazo se ha fijado como máximo, el órgano jurisdiccional podría fijar un plazo inferior a 30 días.

3.1.10. La sentencia

Las sentencias dictadas sobre las demandas interpuestas en el marco del proceso europeo de escasa cuantía pueden ser:

Sentencia en rebeldía-En general

Si el demandado no responde a la demanda en el plazo de 30 días desde la notificación del formulario de demanda y del formulario de contestación C, el órgano jurisdiccional dictará sentencia. Asimismo, si el órgano jurisdiccional solicita una rectificación de la demanda, información adicional o más detalles, y la parte a la que se solicita no responde en el plazo fijado, el órgano jurisdiccional podrá dictar la sentencia en favor de la otra parte.

Si el órgano jurisdiccional fija un plazo a cualquiera de estos efectos, informará a la parte interesada de las consecuencias del incumplimiento del mismo, incluida la posibilidad de que se dicte una resolución contraria a dicha parte en tales circunstancias.

Sentencia en rebeldía-Reconvención

Al igual que en la demanda principal, si el demandante no responde en el plazo de 30 días a partir de la notificación de la demanda de reconvención, el órgano jurisdiccional podrá dictar sentencia sobre la demanda de reconvención. En tal situación, se presume que el demandante desea proseguir con la demanda principal, por lo que el órgano jurisdiccional no podrá desestimarla a menos que haya solicitado al demandante información complementaria tras la recepción de la contestación a la demanda. A continuación, el órgano jurisdiccional tendrá que decidir, entre las partes, cuál es el procedimiento más equitativo, incluida la solicitud de información adicional o de pruebas con arreglo al artículo 7, apartado 1, letra a), o la celebración de una vista.

3.1.10.1. Sentencia dictada tras la recepción de la información y la práctica de las pruebas

Sin celebración de vista

Si el órgano jurisdiccional decide pronunciarse sobre el fondo del asunto sin celebrar una vista, bien tras recibir la contestación del demandado a la demanda, si la hubiera, bien tras haber solicitado información adicional en un plazo específico y haberla recibido, el órgano jurisdiccional dictará sentencia en un plazo de 30 días a partir de la recepción de dicha información. Además, si el órgano jurisdiccional ha practicado las pruebas necesarias para dictar sentencia sin celebrar una vista, **deberá dictar sentencia en un plazo de 30 días** desde la práctica de las pruebas.

Tras la celebración de la vista

Si el órgano jurisdiccional celebra una vista, deberá dictar sentencia en el plazo de 30 días a partir de la fecha de la vista. Se supone que, al concluir la vista, el órgano jurisdiccional habrá recibido toda la información y las pruebas necesarias para dictar una resolución sobre el fondo del asunto o, en su caso, sobre la demanda de reconvención, y no hay ninguna disposición que le permita solicitar información o pruebas complementarias a las partes una vez concluida la vista. El artículo 14, apartado 3, **permite prorrogar el plazo de 30 días** únicamente en el caso de que circunstancias excepcionales impidan al órgano jurisdiccional dictar sentencia en el plazo de 30 días previsto en el Reglamento, y en tal caso el órgano jurisdiccional debe tomar todas las medidas necesarias para dictar la resolución lo antes posible. A fin de acelerar el asunto, el órgano jurisdiccional puede obviamente dictar sentencia antes de los 30 días.

3.1.10.2. Forma, contenido y notificación de la sentencia

Sentencia escrita que se notificará a las partes

Si bien el Reglamento no especifica que la sentencia debe ser escrita, y los sistemas jurídicos de los Estados miembros difieren sobre la necesidad de dictar sentencias escritas en el proceso monitorio, del requisito de notificación de la sentencia a las partes en el proceso europeo de escasa cuantía se deduce que **la sentencia debe ser escrita**. Por otra parte, el Reglamento no especifica la forma ni el contenido de la sentencia que, según el artículo 19, serán los que determine la legislación del Estado miembro en que se encuentre el órgano jurisdiccional que tramite la demanda.

Lengua de la sentencia a efectos de notificación

El Reglamento prevé un certificado que el órgano jurisdiccional extiende a petición de una de las partes a efectos de reconocimiento y ejecución, pero la sentencia es independiente. El Reglamento no establece que la sentencia deba estar redactada en una lengua distinta de la lengua del órgano jurisdiccional que la dicta, pero como debe notificarse a las partes será necesario disponer de la versión lingüística adecuada para la notificación, conforme a la normativa de la UE aplicable en la materia.

En los casos en que haya que traducir el texto de la sentencia para cumplir los requisitos de notificación, probablemente, en virtud del Derecho procesal aplicable, el coste de la traducción recaerá en primer lugar en la persona destinataria de la sentencia e interesada en su ejecución. Este coste podrá imputarse al deudor condenado como parte de las costas del proceso.

Sentencia notificada a las partes

Una vez dictada la sentencia, el artículo 7, apartado 2, establece que **debe notificarse a las partes por alguno de los métodos de notificación** especificados en el Reglamento. Véanse al respecto el artículo 13 y el apartado 4.2.3.

3.1.10.3. Costas

La sentencia contendrá un requerimiento de pago de las costas. Un objetivo fundamental del proceso europeo de escasa cuantía es mantener las costas a un nivel mínimo, como se deduce del artículo 1 y el considerando, por lo que el artículo 16 establece que no se admitirán costas generadas innecesariamente o que no guarden proporción con el valor de la demanda.

Esto es importante si la parte ganadora está representada por un abogado u otro profesional del Derecho, dado que el coste de tal representación solo se admitirá en la sentencia si guarda proporción con el valor de la demanda y se considera necesario. Según este principio, la norma que se aplicará conforme al artículo 16 del Reglamento es que la sentencia condenará a la parte perdedora a sufragar las costas del procedimiento, que se determinarán conforme a la legislación nacional aplicable.

3.1.11. Revisión y recurso

3.1.11.1. La revisión en el marco del procedimiento europeo de escasa cuantía

El artículo 18 del Reglamento regula la revisión de la sentencia dictada en el proceso europeo de escasa cuantía. Esta revisión puede tener lugar **tanto**

en el caso de sentencia desfavorable al demandado como en el caso de **sentencia desfavorable** al demandante como consecuencia de una demanda de reconvención presentada por el demandado.

Motivos de revisión

El demandado o el demandante, este último en caso de sentencia favorable al demandado como consecuencia de una demanda de reconvención, podrán solicitar una revisión de la sentencia dictada en el proceso europeo de escasa cuantía ante el órgano jurisdiccional competente del Estado miembro en el que se haya dictado la sentencia en caso de que:

- El formulario de demanda o la citación a una vista oral hayan sido notificados mediante un método que no garantice el acuse de recibo de los documentos por el propio demandado y la notificación no se hubiere efectuado con la suficiente antelación para permitirle preparar su defensa, sin que pueda imputársele responsabilidad por ello.
- El demandado no haya tenido la posibilidad de oponerse a la demanda por causa de fuerza mayor o debido a circunstancias extraordinarias ajenas a su responsabilidad.

Siempre que, en ambos casos, el demandante y, en su caso, el demandado, hayan actuado con prontitud.

Resultado de la revisión

Si se admite que la revisión está justificada por alguno de los motivos previstos en el Reglamento, la sentencia será declarada nula y sin efecto. Si se rechaza la revisión, la sentencia se considerará firme.

3.1.11.2. Recurso

Según el artículo 17, la posibilidad de recurrir una sentencia en el Estado miembro en que se dictó **está regulada por la legislación nacional de cada uno de los Estados miembros**. En caso de que se pueda recurrir, se aplicarán las mismas normas sobre las costas aplicables al procedimiento de la demanda original.

3.1.11.3. La representación legal en la revisión y el recurso

Las disposiciones del artículo 10 en materia de representación legal se aplican al procedimiento de revisión previsto en el artículo 18, al igual que al procedimiento original sobre la demanda principal y la eventual reconvención, por lo que las partes no necesitarán una representación legal para estos procedimientos. Se plantea la cuestión de si son también de aplicación a un recurso contra una sentencia del proceso europeo de escasa cuantía con arreglo al Derecho procesal nacional. **Esto tiene repercusiones en la**

imputación de las costas ya que, en el caso de los recursos, en virtud del artículo 17, apartado 2, el régimen de costas establecido en el artículo 16 se aplica a cualquier recurso de la misma manera que al procedimiento original. Asimismo, el artículo 16 se aplica al procedimiento de revisión establecido en el artículo 18. A este respecto, hay que tener en cuenta el considerando en el sentido de que las costas que deberá pagar un recurrente que ha perdido el recurso serán proporcionadas al valor de la demanda o necesarias, incluidas las derivadas de la representación de la parte contraria por un abogado.

3.1.12. Reconocimiento y ejecución

Supresión del procedimiento de exequatur

Una sentencia sobre una demanda o demanda de reconvención dictada en un Estado miembro en el proceso europeo de escasa cuantía **podrá ejecutarse en cualquier otro Estado miembro**.

El artículo 20 establece que no se precisa una declaración de ejecutabilidad de la sentencia en el Estado miembro de ejecución y que no existe la posibilidad de oponerse a su reconocimiento. **En cualquier caso, no se podrá recurrir en cuanto al fondo en el Estado miembro de ejecución**. La sentencia será ejecutiva, sin perjuicio de la posibilidad de recurso. Hay que tener en cuenta, no obstante, que la persona que desee ejecutar una sentencia dictada por un órgano jurisdiccional en el proceso europeo de escasa cuantía podrá optar por acogerse a los procedimientos del Reglamento Bruselas I bis *(TOL2.701.212)*.

Procedimiento de ejecución-Legislación aplicable

De conformidad con el artículo 21, el procedimiento de ejecución se rige por la legislación del Estado miembro de ejecución, sin perjuicio de lo dispuesto en el Reglamento sobre la ejecución.

Una resolución dictada en el proceso europeo de escasa cuantía se ejecutará en las mismas condiciones que una resolución dictada en el Estado miembro en el que se solicita la ejecución.

3.1.12.1. Requisitos del proceso europeo de escasa cuantía. Procedimiento de ejecución

Para incoar el procedimiento de ejecución de una sentencia en el proceso europeo de escasa cuantía, con arreglo al Reglamento, **el interesado en la ejecución debe obtener un certificado expedido por el órgano jurisdiccional de origen** a que se refiere el artículo 20, apartado 2. Según el artículo 21, dicho certificado debe enviarse a la autoridad de ejecución competente del Estado miembro de ejecución con una copia de la sentencia. **La copia de la sentencia ha de ser autenticada** o cumplir los requisitos necesarios que acrediten su autenticidad de conformidad con la legislación del Estado miembro de ejecución. Está previsto expresamente en el mismo artículo que la parte que solicita la ejecución de una sentencia no necesita tener un representante autorizado ni una dirección postal en el Estado miembro de ejecución, aparte de los posibles agentes designados por esa parte para el proceso de ejecución efectiva. Tampoco es necesario que esa parte presente en el Estado miembro de ejecución ninguna garantía, fianza o depósito antes de la ejecución.

3.1.12.2. Uso del certificado relativo a la sentencia

El formulario del certificado relativo a la sentencia es el formulario D, que figura en el anexo IV del Reglamento. **Este certificado lo expide el órgano jurisdiccional que dictó la resolución en el proceso europeo de escasa cuantía,** a petición de una de las partes. Tal petición puede formularse al inicio del procedimiento, en el espacio previsto al efecto en el punto 9 del formulario de demanda **(formulario A)** y, aunque esto no se indica expresamente en el Reglamento, en cualquier momento después de que se dicte sentencia.

Es conveniente que la persona que solicita la ejecución de una sentencia en el proceso europeo de escasa cuantía prevea la necesidad de certificado y lo solicite cuanto antes al órgano jurisdiccional. Además, el órgano jurisdiccional cuidará especialmente la cumplimentación del certificado, ya que es el documento en el que se basará la ejecución. En particular, es importante introducir toda la información pertinente a fin de que los funcionarios encargados de la ejecución efectiva y otras personas que puedan intervenir, como el personal de banca cuando se adjunte una cuenta bancaria, puedan ver y entender las condiciones de la orden, los datos detallados de la persona contra la que se dirige y los importes fijados en la sentencia, para todo lo cual está previsto un espacio en el **formulario D**.

Lengua del certificado

En ciertos casos será necesario traducir el certificado a la lengua adecuada en el Estado miembro de ejecución que, en virtud del artículo 21, apartado 2, letra b), será una de las siguientes:

- La lengua oficial de ese Estado miembro.
- Si el Estado de ejecución tiene varias lenguas oficiales, la lengua oficial o una de las lenguas oficiales de los procedimientos judiciales del lugar en que se haya solicitado la ejecución.
- Otra lengua que el Estado miembro de ejecución haya indicado como aceptable.

La traducción del certificado la realizará un traductor cualificado en uno de los Estados miembros.

Cada Estado miembro podrá indicar la lengua o lenguas oficiales de las instituciones de la Unión Europea, distintas de la propia, que pueda aceptar para el proceso europeo de escasa cuantía. **La persona interesada en la ejecución correrá con los gastos de traducción del certificado**.

En principio, no hay motivo para que el órgano jurisdiccional no expida un certificado en la lengua adecuada en el Estado miembro de ejecución, siempre que se solicite y se conozca en qué Estado se procederá a la ejecución. Esto no debería resultar difícil en la práctica, ya que la mayoría de los datos detallados que se incluyen en el certificado son claros, y el formulario D está disponible en línea en las lenguas oficiales de la UE.

A continuación, se expone el **FORMULARIO D** del proceso europeo de escasa cuantía:

PROCESO EUROPEO DE ESCASA CUANTÍA

FORMULARIO D

CERTIFICADO RELATIVO A UNA SENTENCIA DICTADA EN EL PROCESO EUROPEO DE ESCASA CUANTÍA O A UNA TRANSACCIÓN JUDICIAL

[Artículo 20, apartado 2, y artículo 23 bis del Reglamento (CE) n° 861/2007 del Parlamento Europeo y del Consejo, por el que se establece un proceso europeo de escasa cuantía]

A cumplimentar por el órgano jurisdiccional

1. Órgano jurisdiccional

1.1. Nombre:

1.2. Calle y número/Apartado de correos:

1.3. Ciudad y código postal:

1.4 País:

2. Demandante

2.1. Apellidos y nombre/Razón o denominación social:

2.2. Número de identificación personal o número de pasaporte/número de registro(*):

2.3. Calle y número/Apartado de correos:

2.4. Ciudad y código postal:

2.5. País:

2.6. Teléfono (*):

2.7. Correo electrónico (*):

2.8. Representante del demandante, si lo tiene, e información de contacto(*):

2.9. Otros datos (*):

3. *Demandado*

3.1. Apellidos y nombre/Razón o denominación social:

(*) Facultativo.

3.2. Número de identificación personal o número de pasaporte/número de registro(*):

3.3. Calle y número/Apartado de correos:

3.4. Ciudad y código postal:

3.5 País:

3.6. Teléfono (*):

3.7. Correo electrónico (*):

3.8. Representante del demandado, si lo tiene, e información de contacto*:

3.9. Otros datos (*):

4. Sentencia

4.1 Fecha:

4.2 Número del asunto:

4.3. Fondo de la sentencia:

4.3.1. El órgano jurisdiccional condena a

a pagar a

1) Principal:

2) Intereses:

3) Costas:

4.3.2. El órgano jurisdiccional condena a

a

(*) Facultativo.

(Si es un órgano de apelación el que dicta la sentencia, o en caso de revisión de la sentencia)

La presente sentencia reemplaza la sentencia dictada el

/ /

en el asunto número

, así como el certificado relativo a la misma.

LA SENTENCIA SERÁ RECONOCIDA Y EJECUTADA EN OTRO ESTADO MIEMBRO SIN NECESIDAD DE QUE MEDIE UNA DECLARACIÓN DE EJECUTABILIDAD Y SIN POSIBILIDAD DE OPONERSE A SU RECONOCIMIENTO.

5. Transacción judicial

5.1. Fecha:

5.2. Número de asunto:

5.3. Fondo de la transacción judicial:

5.3.1. Las partes acuerdan que

pagará a

(1) Principal:

(2) Intereses:

(3) Costas:

5.3.2. Las partes acuerdan que

procederá a

Hecho en:

Fecha:

/ /

Firma y/o sello

3.1.12.3. Denegación y limitación de la ejecución

Denegación de la ejecución en circunstancias excepcionales

En virtud del artículo 22, el órgano jurisdiccional del Estado miembro de ejecución denegará la ejecución de la sentencia si esta fuere incompatible con una sentencia dictada con anterioridad en otro Estado miembro o en un tercer país, siempre que:

- La sentencia anterior tenga el mismo objeto, se refiera a las mismas partes y cumpla las condiciones necesarias para su reconocimiento en el Estado miembro de ejecución.
- No se haya alegado y no haya podido alegarse la incompatibilidad durante el proceso europeo de escasa cuantía en el Estado miembro en que se haya dictado la sentencia.

Procedimiento de oposición a la ejecución

El Reglamento no establece un procedimiento de oposición a la ejecución de la sentencia por motivos de incompatibilidad, ya que esta materia se rige por el Derecho procesal de cada Estado miembro. Del mismo modo, es posible que el órgano jurisdiccional del Estado miembro, con arreglo a la legislación nacional, deniegue o detenga la ejecución si y en la medida en que las cantidades fijadas en la sentencia dictada en el proceso europeo de escasa cuantía se hayan pagado, o la sentencia se haya cumplido de otra manera.

Suspensión o limitación de la ejecución

En virtud del artículo 23, si una de las partes impugna una sentencia dictada en el proceso europeo de escasa cuantía, o dicha impugnación fuera todavía posible, o presenta una solicitud de revisión de la sentencia con arreglo al Reglamento, el órgano jurisdiccional o la autoridad competente del Estado miembro de ejecución, a instancia de la parte en la que deba ejecutarse la sentencia, podrá:

- Limitar el procedimiento de ejecución a medidas cautelares como la «congelación» de una cuenta bancaria, salarios e ingresos.
- Subordinar la ejecución a la constitución de una garantía que determinará dicho órgano jurisdiccional o autoridad, o bien
- En circunstancias excepcionales, suspender el procedimiento de ejecución, es decir, suspender el procedimiento por un período de tiempo limitado o especificado.

3.1.12.4. Procedimiento de ejecución forzosa del proceso europeo de escasa cuantía

Fases de la ejecución forzosa

La obtención de la sentencia y el certificado en el proceso europeo de escasa cuantía es el primer paso hacia la ejecución efectiva de la obligación objeto de la sentencia. En el caso de que la persona contra la que se dicte la sentencia no la cumpla voluntariamente procediendo al pago o a la acción u omisión que le ordena el órgano jurisdiccional, y con el fin de garantizar el cumplimiento de la obligación en cuestión, se deben tomar medidas adicionales que garanticen el pago o la prestación, es decir, medidas de ejecución efectiva de la sentencia. En la actualidad, esta materia se rige por el Derecho y los procedimientos nacionales de los Estados miembros.

Autoridades y organismos de ejecución

Con el fin de garantizar la ejecución de la sentencia, es necesario dar instrucciones a las autoridades u organismos competentes para adoptar las medidas de ejecución en el Estado miembro. Esto implicará el envío de documentos e instrucciones al órgano jurisdiccional del Estado miembro en que se realice la ejecución, o bien directamente a los agentes de la ejecución en caso de que acepten instrucciones directas en nombre de clientes que soliciten la ejecución de sentencias. Más información sobre los agentes de la ejecución en los distintos Estados miembros, así como sobre la ejecución de sentencias, se encuentra en los sitios web nacionales y en el Atlas Judicial Europeo, la Red Judicial Europea y los sitios del portal e-Justice.

Cuestiones lingüísticas-Consecuencias prácticas de la ejecución

La parte que solicite la ejecución de una sentencia debe tener en cuenta que la cuestión de la lengua puede plantearse tanto como un requisito judicial como práctico. Por ejemplo, si con arreglo a la legislación nacional aplicable a la ejecución de las sentencias, los documentos han de ser notificados en otro Estado miembro al demandado contra el que se solicita la ejecución, **se aplicarán los requisitos lingüísticos especificados en el Reglamento** sobre el proceso europeo de escasa cuantía y en el Reglamento sobre la notificación. Además, hay que tener en cuenta que los órganos jurisdiccionales, los agentes de la ejecución y las demás personas que intervienen en la misma deben entender el contenido de la sentencia y del certificado a fin de proceder eficazmente a la ejecución.

Esto también se aplica a las personas que pueden actuar como terceros, como el personal de banca y demás titulares de bienes de la persona contra la que se solicite o se lleve a cabo la ejecución de la sentencia.

3.1.13. Cuestiones finales

3.1.13.1. Abogados

No obligatoriedad de la representación por abogado en el proceso europeo de escasa cuantía

El Reglamento sobre el proceso europeo de escasa cuantía no llega al extremo de impedir que las partes estén representadas por un abogado o un profesional del Derecho.

El artículo 10 y el considerando se limitan a declarar que la **representación por abogado no es obligatoria**, por lo que las normas nacionales en esta materia no son aplicables al proceso europeo de escasa cuantía. Del mismo modo, el artículo 21, apartado 3, letra a), establece claramente que, para la ejecución de una sentencia en el proceso europeo de escasa cuantía, no se exige que una parte tenga un representante autorizado en el Estado miembro de ejecución.

Costas de la representación por un abogado

La parte que se plantee recurrir a un abogado para interponer una demanda en el proceso europeo de escasa cuantía ha de tener en cuenta que, incluso en el caso de que la sentencia le sea favorable, existe el riesgo de que el órgano jurisdiccional no condene a la otra parte a pagar las costas, ya que según el artículo 16, **el órgano jurisdiccional no condenará a pagar las costas generadas innecesariamente o que no guarden proporción con el valor de la demanda**.

Información-Aspectos generales

El Reglamento sobre el proceso europeo de escasa **cuantía contiene varias disposiciones sobre la información** que habrá que poner a disposición de los Estados miembros sobre diversos aspectos de dicho proceso. En virtud del artículo 24, los **Estados miembros están obligados a cooperar entre sí y, en particular, a través de la Red Judicial Europea**, para suministrar información sobre el proceso europeo de escasa cuantía al público en general y a los medios profesionales. Concretamente, con arreglo al artículo 25, **los Estados están obligados a suministrar información a la Comisión Europea** sobre los siguientes aspectos del proceso europeo de escasa cuantía:

- Los órganos jurisdiccionales competentes para dictar resoluciones en el proceso europeo de escasa cuantía.
- Los medios de comunicación aceptados por los Estados miembros para recibir un formulario de demanda en el proceso europeo de escasa cuantía.
- Si existe la posibilidad de recurso y, en tal caso, el plazo de interposición del recurso.
- Las lenguas aceptadas para el certificado relativo a una sentencia en el proceso europeo de escasa cuantía, a efectos de su ejecución.
- Las autoridades nacionales de ejecución, incluidas las providencias de suspensión o limitación de la ejecución.

También están obligados a notificar cualquier modificación posterior que afecte a esta información. La Comisión tiene que difundir esta información al público en general a través de varios sitios web, incluidos el Atlas Judicial Europeo y el portal e-Justice, de los que se dan datos detallados al final de la presente Guía.

Información y asistencia a las partes

Además de la información general sobre el funcionamiento del proceso europeo de escasa cuantía, las partes recibirán asistencia e información en las diferentes etapas del procedimiento, en particular:

- En virtud del artículo 11, las partes deberán recibir asistencia práctica para la cumplimentación de los formularios.
- En virtud del artículo 12, los órganos jurisdiccionales proporcionarán, en su caso, información a las partes sobre las cuestiones procesales.
- En virtud del artículo 14, los órganos jurisdiccionales informarán a las partes de las consecuencias del incumplimiento de los plazos por ellos fijados.

Asimismo, los Estados miembros deben garantizar que el formulario de demanda (formulario A) esté disponible en todos los órganos jurisdiccionales ante los que pueda incoarse el proceso europeo de escasa cuantía.

3.1.13.2. Revisión del proceso europeo de escasa cuantía, incluido el límite financiero

Revisión-Aspectos generales

Al igual que los demás instrumentos de la UE, el Reglamento sobre el proceso europeo de escasa cuantía está sujeto a revisión. Con arreglo al artículo 28, la Comisión Europea deberá presentar un informe detallado al Parlamento Europeo, al Consejo y al Comité Económico y Social Europeo antes del 1 de enero de 2014. Dicho informe versará sobre el funcionamiento del proceso europeo de escasa cuantía, incluirá una evaluación del procedimiento y su funcionamiento en cada Estado miembro e irá acompañado de propuestas de adaptación.

Con el fin de contribuir a este proceso, los Estados miembros deben facilitar a la Comisión información sobre el funcionamiento transfronterizo del proceso europeo de escasa cuantía, incluidos datos sobre las costas, la rapidez del proceso, la eficacia, la facilidad de uso y los procesos monitorios internos de los Estados miembros.

Revisión-Valor de la demanda

La fijación del límite máximo del valor de la demanda en el procedimiento transfronterizo de escasa cuantía en la UE ha sido una decisión difícil, por lo que la cifra fijada representa en gran medida el **compromiso alcanzado entre los Estados miembros que defendían una cifra superior y los que deseaban otra inferior**.

A este respecto, una de las cuestiones importantes que se tratarán a la hora de revisar el Reglamento a su debido tiempo es el límite del valor de la demanda fijado en el Reglamento.

El informe que presentará la Comisión Europea con arreglo al artículo 28 **deberá contener una revisión** y, si procede, propuestas de adaptación del límite del valor de la demanda.

3.2. Procedimiento monitorio europeo: reclamaciones sin limitación de cuantía

Nos encontramos ante un instrumento procesal establecido en el marco de la Unión Europea, dado el interés de las instituciones comunitarias por la tutela transfronteriza del crédito. Se trata de un **proceso declarativo especial**, que se caracteriza por la inversión del contradictorio, y cuya finalidad no es otra que la rápida obtención de un requerimiento de pago que sea ejecutable en cualquier Estado miembro.

El proceso monitorio europeo **es un proceso apto para el cobro de deudas dinerarias; de cantidad determinada; vencidas y exigibles**, siempre que estén implicados al menos dos Estados de la UE, es un proceso judicial rápido y ágil para la reclamación de deudas dinerarias, en el que solo será necesaria la celebración de una vista ante el Juez, si el deudor se opone a la reclamación presentada.

Este Reglamento tiene por objeto simplificar, acelerar y reducir los costes de litigación en asuntos transfronterizos relativos a créditos pecuniarios no impugnados, mediante el establecimiento de un proceso monitorio europeo, y permitir la libre circulación de los requerimientos europeos de pago a través de todos los Estados miembros.

Todo ello, mediante el establecimiento de normas mínimas cuya observancia haga innecesario un proceso intermedio en el Estado miembro de ejecución con anterioridad al reconocimiento y a la ejecución.

La Unión Europea ha propuesto como uno de sus objetivos el establecimiento de un espacio de libertad, seguridad y justicia que haga disminuir las dificultades que genera el cobro transfronterizo de deudas. Por tanto, lo que se pretende, es que el carácter transfronterizo de los litigios no sea un factor disuasorio para la reclamación de los créditos dentro de la propia Unión Europea.

3.2.1. Antecedentes. El proceso civil europeo

El Reglamento 1896/2006 de 12 de diciembre de 2006, por el que se establece un proceso monitorio europeo (TOL1.022.095) creó por primera vez un verdadero proceso civil europeo, el proceso monitorio europeo. (DOUE, L 399 de 30 de diciembre de 2006).

Este Reglamento había sido precedido por el **Reglamento relativo a un título ejecutivo europeo**, cuyo principal logro fue la supresión del **exequátur** para la ejecución de resoluciones dictadas en otro Estado miembro de la Unión Europea en algunas categorías de asuntos civiles, siempre y cuando se cumplieran determinadas garantías procesales, confirmadas por una autoridad apropiada en un certificado prescrito. Sin embargo, el título ejecutivo europeo es un certificado que se refiere a resoluciones (o documentos públicos con fuerza ejecutiva o transacciones judiciales) dictadas en un proceso nacional, mientras que un requerimiento europeo de pago puede expedirse en un proceso único común a los 26 Estados miembros. El Derecho nacional se aplica, de manera subsidiaria, a cuestiones que no están reguladas en el Reglamento relativo al proceso monitorio europeo.

Poco después del Reglamento relativo al proceso monitorio europeo, se adoptó otro Reglamento por el que se crea otro proceso civil europeo, a saber, el **Reglamento por el que se establece un proceso europeo de escasa cuantía**.

Estos tres Reglamento aplican el principio de reconocimiento mutuo de las resoluciones en materia civil. Su objetivo principal es simplificar y acelerar la ejecución y el reconocimiento transfronterizos de los derechos de los acreedores en la Unión Europea. En este sentido, **contribuyen tanto a la construcción de un verdadero espacio de justicia en la Unión Europea, como a la realización del mercado único**.

Cada uno de los procesos tiene un alcance diferente y no todos pueden utilizarse en todos los asuntos civiles transfronterizos.

Si el asunto ya ha sido resuelto por un órgano jurisdiccional competente, o si se deriva de un documento público con fuerza ejecutiva o de una transacción judicial, y debe ser ejecutado en el extranjero, puede presentarse una petición de título ejecutivo europeo a las autoridades competentes del Estado miembro de origen de la resolución, del documento público con fuerza ejecutiva o de la transacción judicial si se refiere a un crédito no impugnado. Este es el único proceso europeo (de los tres mencionados) destinado a ejecutar una resolución o una transacción judicial. El demandante puede utilizar un documento público con fuerza ejecutiva como base de los medios de prueba que deben proporcionarse para solicitar un requerimiento europeo de pago o un proceso europeo de escasa cuantía.

Una reclamación transfronteriza debe presentarse ante un órgano jurisdiccional que sea competente con arreglo a las normas del Derecho comunitario o nacional. Dicha reclamación podría hacerse con arreglo al proceso nacional aplicable en la jurisdicción del órgano jurisdiccional o con arreglo a uno de los procesos europeos, si se cumplen las condiciones pertinentes.

Si la deuda (sin costas ni intereses) no excede de 5.000 euros, puede solicitarse tanto un requerimiento europeo de pago como un proceso europeo de escasa cuantía. Si la deuda (sin costas ni intereses) excede el limite señalado, solo puede recurrirse al proceso monitorio europeo, siempre que se cumplan las condiciones para ello.

El proceso monitorio europeo puede utilizarse solo para créditos pecuniarios de importe determinado, vencidos y exigibles en la fecha en que se presente la petición. El proceso europeo de escasa cuantía cubre también otros tipos de créditos.

El proceso monitorio europeo no prevé una vista ante los tribunales —es un procedimiento meramente escrito—, excepto si el requerimiento europeo de pago es objeto de impugnación u oposición, en cuyo caso puede celebrarse una vista con arreglo a las normas procesales nacionales. En cambio, el proceso europeo de escasa cuantía, que normalmente es un proceso escrito, sí permite que se celebre una vista en caso necesario.

El proceso monitorio europeo es opcional, en la medida en que le corresponde al demandante decidir si utiliza este proceso en lugar de cualquier otra vía por la que pudiera hacerse el mismo requerimiento.

La decisión de desestimar una petición no obsta para que el demandante reclame de nuevo el crédito mediante el recurso a cualquier procedimiento apropiado, incluido el proceso monitorio europeo e incluso ante el mismo órgano jurisdiccional que haya desestimado la solicitud.

3.2.2. Concepto y características del proceso europeo monitorio

El Reglamento de proceso europeo monitorio en su artículo 1.1. a) nos dice que con el proceso monitorio europeo se pretende simplificar, acelerar y reducir los costes de litigación en asuntos transfronterizos relativos a créditos pecuniarios no impugnados. Partiendo del mencionado artículo 1.1.a) del RPME, podemos definir el mismo como aquel cauce procesal que permite el cobro rápido de créditos no impugnados, es decir, cuando el deudor permanezca inactivo y no se oponga a la reclamación.

Es, por tanto, un proceso especial de declaración, que tiene como finalidad la rápida obtención de un título ejecutivo, mediante la inversión de la iniciativa del contradictorio.

La inversión del contradictorio consiste en que es el acreedor el que solita al tribunal la emisión de un requerimiento de pago, y este último lo concederá sin audiencia del deudor. Únicamente le advertirá que, en caso de que no pague o no presente oposición en plazo, el requerimiento adquirirá fuerza ejecutiva. De esta forma, se evita toda la tramitación de un proceso declarativo ordinario, más largo y complejo, en el que el deudor no iba a participar, y el acreedor puede obtener un título ejecutivo con rapidez.

La finalidad del PME es que el demandante pueda obtener un requerimiento europeo de pago, aplicable en cualquier Estado miembro de la Unión Europea si el demandado no se opone al mismo.

Las principales características de este proceso son las siguientes:

- **Proceso europeo uniforme**: el procedimiento es sustancialmente igual para todo el territorio de la Unión Europea. Ahora bien, existe una cláusula de supletoriedad que conlleva a que todas las cuestiones procesales no tratadas expresamente en el RPME se regirán por el Derecho nacional (art. 26 RPME).
- **Procedimiento con carácter opcional o facultativo para el demandante**: es decir, puede elegir entre utilizar este procedimiento o cualquier otro que sea aplicable, establecido por el Derecho de un Estado miembro o por el Derecho comunitario, como lo es, por ejemplo, el PEEC. Además, el PME no sustituye ni armoniza los procesos monitorios internos, sino que coexiste con ellos.
- **Aplicable en materia civil y mercantil**: para asuntos transfronterizos, debiendo entenderse como tales, aquellos en los que al menos una de las partes esté domiciliada o tenga su residencia habitual en un Estado miembro distinto de aquel al que pertenece el órgano jurisdiccional ante el que se ha presentado la petición (art. 3.1 RPME).
- **Proceso monitorio sin límite de cuantía**: se trata de un procedimiento establecido para el cobro de créditos dinerarios, de cantidad determinada, vencidos y exigibles (art. 4 RPME).
- **Procedimiento monitorio puro**: el requerimiento europeo de pago se expide con base en la mera afirmación del demandante de la existencia y cuantía de la deuda, y por ello precisamente, se obliga al mismo a que en la petición declare que la información suministrada es, a su leal saber y entender, verdadera (art. 7.3 RPME). Además, el requerimiento de pago expresará que se ha expedido basándose únicamente en la información proporcionada por el demandante, sin que la misma haya sido comprobada por el órgano jurisdiccional, tal y como recoge el art. 12.4.a) del RPME.
- **Estructura monofásica**: es decir, se articula en una sola fase, en la cual se emite el requerimiento europeo de pago y frente a ello, el demandado tiene una única oportunidad de oposición. Al ser un procedimiento monitorio puro, basta con que la oposición se exprese con claridad y por escrito, no siendo necesario que se motive la impugnación a la deuda (art. 16 RPME).
- **Supresión del exequátur**: para el requerimiento europeo de pago que haya adquirido fuerza ejecutiva por falta de oposición, el cual será reconocido y ejecutado en los demás Estados miembros, sin necesidad de declaración de ejecutividad y sin posibilidad de impugnar su reconocimiento (art. 19 RPME).
- **No se exige representación de abogado u otro profesional del Derecho**: ni para la petición de requerimiento europeo de pago, ni para la presentación del escrito de oposición (art. 24 RPME).

Por todo ello, el RPME *contempla un proceso monitorio europeo caracterizado por ser sencillo, rápido y barato, y por lo tanto cumplir así con el objetivo de simplificar, acelerar y reducir los costes de litigación en asuntos transfronterizos relativos a créditos pecuniarios no impugnados*, tal y como recoge el art. 1.1 a) del RPME.

3.2.3. Regulación legal

La regulación del PME se encuentra en el ***Reglamento (CE) n.*°** 1896/2006 de 12 de diciembre de 2006, por el que se establece un proceso monitorio europeo *(TOL1.022.095)*. No obstante, dicho reglamento ha sido objeto de reforma por el ***Reglamento (UE) 2015/2421*** *del parlamento europeo y del Consejo de 16 de diciembre de 2015, por el que se modifican el Reglamento (CE) n.°* 861/2007 por el que se establece un proceso europeo de escasa cuantía, y el Reglamento (CE) n.° 1986/2006 por el que se establece un proceso monitorio europeo.

En lo que respecta a la **aplicación en España del PME**, la regulación legal la encontramos en la **Ley de Enjuiciamiento Civil**, Disposición final vigésimo tercera: Medidas para facilitar la aplicación en España del *Reglamento (CE) n.° 1896/2006 del Parlamento Europeo y del Consejo, de 12 de diciembre de 2006, por el que se establece un proceso monitorio europeo. (TOL172.336)*. La ley que ha introducido esta nueva Disposición final, ha sido la *Ley 4/2011, de 24 de marzo, de modificación de la LEC (TOL2.054.110)*, para facilitar la aplicación en España de los procesos europeos monitorio y de escasa cuantía.

Otros Reglamentos que influyen de forma subsidiaria:

- El Reglamento (UE) n.° 1215/2012 del Parlamento Europeo y del Consejo, de 12 de diciembre de 2012, relativo a la competencia judicial, el reconocimiento y la ejecución de resoluciones judiciales en materia civil y mercantil (DOUE L 351, de 20 de diciembre de 2015) *(TOL2.701.212)*, respecto a la cual, el RPME se remite en lo relativo a normas de competencia judicial internacional.
- El Reglamento (CE) 805/2004 por el que se establece un título ejecutivo europeo para créditos no impugnados (DOUE L 143/15, de 30 de abril de 2004) *(TOL511.614)*, con relación a la notificación de documentos, de forma subsidiaria a lo previsto en el RPME.
- El Reglamento (UE) N.° 910/2014 del Parlamento Europeo y del Consejo, de 23 de julio de 2014, relativo a la identificación electrónica y los servicios de confianza para las transacciones electrónicas en el mercado interior y por la que se deroga la Directiva 1999/93/CE *(TOL5.212.166)*. Este Reglamento se propone para reforzar la confianza en las transacciones electrónicas en el mercado interior, proporcionando una base común para lograr interacciones electrónicas

seguras entre los ciudadanos, las empresas y las administraciones públicas e incrementando, en consecuencia, la eficacia de los servicios en línea públicos y privados, los negocios electrónicos y el comercio electrónico en la Unión.

- Directiva 1999/93/CE, de 13 de diciembre de 1999, por la que se establece un marco comunitario para la firma electrónica (DOUE núm. 13, de 19 de enero de 2000) *(TOL508.807)*. Esta Directiva, se debía tener en cuenta para la firma por medios electrónicos, tanto de la petición de requerimiento europeo de pago (art. 7.6 RPME), como del escrito de oposición del demandado (art. 16.5 RPME). Actualmente, quedó derogada con efectos a partir del 1 de julio de 2016, por el Reglamento (UE) n.º 910/2014 del Parlamento Europeo y del Consejo, de 23 de julio de 2014, relativo a la identificación electrónica y los servicios de confianza para las transacciones electrónicas en el mercado interior y por el que se deroga la Directiva 1999/93/CE *(TOL5.212.166)*.
- Reglamento 1393/2007, de 13 de noviembre de 2007, relativo a la notificación y al traslado en los demás Estados miembros de documentos judiciales y extrajudiciales en materia civil y mercantil (DOUE núm. 324, de 10 de diciembre de 2007) *(TOL1.210.862)*. Para aquellos casos en los que la notificación del requerimiento europeo de pago deba realizarse en otro Estado miembro, habrá de seguirse este Reglamento, aunque dicho requerimiento se notifica al demandado conforme al Derecho nacional (art. 12.5 RPME).

3.2.3.1. El Reglamento 1896/2006 del Parlamento Europeo y del Consejo, de 12 de diciembre de 2006, por el que se establece un proceso monitorio europeo

FUNDAMENTO Y REGULACIÓN

El proceso monitorio europeo es una vía de reclamación transfronteriza de créditos pecuniarios no impugnados, si bien, a diferencia del monitorio español, incluye no solo reclamaciones de naturaleza civil o mercantil sino, también, de las derivadas del contrato de trabajo.

Se estableció en la normativa comunitaria en el **Reglamento (CE) 1896/2006, de 12 de diciembre de 2006** *(TOL1.022.095)*. Y, aunque la norma comunitaria es de aplicación directa en España, la **Ley 4/2011 de 24 de marzo** introdujo una Disposición Final 23.ª en la LEC *(TOL172.336)* con el objeto de coordinar dicho proceso con nuestras normas procesales, donde se regula el monitorio europeo.

No obstante, cabe tener en cuenta que no es obligatorio iniciar el cauce del monitorio europeo para cobrar un crédito transfronterizo, ya que este procedimiento se configura como facultativo, es decir, como una alternativa más para el acreedor, que se encuentra ante estas otras posibilidades:

1. **Acudir al proceso monitorio regulado en su país de origen si considera que le va a aportar mayores ventajas o facilidades.** Si el proceso tiene un componente transfronterizo, una vez obtenido a su favor el título ejecutivo podría solicitar su ejecución en otro Estado, en virtud de los mecanismos comunitarios establecidos para ello o, mucho más sencillo, obteniendo su certificación como título ejecutivo europeo.

Dichos mecanismos vienen constituidos por:

a) **Convenio de Bruselas, de 27 de septiembre de 1968, relativo a la competencia internacional y a la ejecución de resoluciones judiciales en materia civil y mercantil** *(TOL999.609)*.

Este Convenio dio paso al Reglamento (CE) n.º 44/2001 del Consejo de 22 de diciembre de 2000, relativo a la competencia judicial, el reconocimiento y la ejecución de resoluciones judiciales en materia civil y mercantil (Bruselas I) *(TOL173.296)*, en vigor desde el 1 de marzo de 2002. Se debe destacar, como ha puesto de relieve la Sentencia del Tribunal de Justicia de la Unión Europea C-462/06, de 22 de mayo de 2008 *(TOL4.627.004)*, que las reglas de competencia en materia de contratos individuales de trabajo que establece el Reglamento difieren, considerablemente, de las reglas aplicables en ese ámbito, en virtud del Convenio de Bruselas. Finalmente, este Reglamento ha sido derogado por el Reglamento (UE) n.º 1215/2012 del Parlamento Europeo y del Consejo, de 12 de diciembre de 2012, relativo a la competencia judicial, el reconocimiento y la ejecución de resoluciones judiciales en materia civil y mercantil *(TOL2.701.212)*, que entró en vigor a los 20 días de su publicación en el DOUE, esto es, el 20 de diciembre de 2012, siendo aplicable a partir del 10 de enero de 2015, con excepción de los artículos 75 y 76, ambos referidos a obligaciones de los Estados miembros, los cuales son aplicables desde el 10 de enero de 2014, conforme a lo establecido en el artículo 81 del mismo.

b) **Convenio de Lugano, de 16 de septiembre de 1988, relativo a la competencia judicial y a la ejecución de resoluciones judiciales en materia civil y mercantil** *(TOL516.620)*.

Este Convenio entró en vigor, de forma general, el 1 de enero de 1992 y en España el 1 de noviembre de 1994), con el mismo objeto que el de Bruselas e incluyendo, igualmente, a los países integrantes de la Asociación Europea de Libre Comercio (AELC), entre los que se encuentra Noruega.

2. **Acudir a cualquiera de los procedimientos ordinarios de carácter contradictorio que contempla el ordenamiento de su país de origen y, nuevamente, obtenida una resolución ejecutable a su favor, acudir a los mecanismos referidos en el caso anterior.**

3. **Acudir al proceso europeo para reclamaciones de escasa cuantía, si cumple los requisitos para ello.**

APLICACIÓN DEL PROCESO MONITORIO EUROPEO

El proceso monitorio europeo **se aplica** a los asuntos transfronterizos en materia civil y mercantil, de lo cual se desprende:

A. La limitación a asuntos transfronterizos

Se entiende, conforme al artículo 3.1 del Reglamento (CE) 1896/2006, que nos encontraremos ante un litigio transfronterizo **cuando al menos una de las partes esté domiciliada o tiene su residencia habitual en un Estado miembro distinto de aquel al que pertenece el órgano jurisdiccional ante el que se haya presentado la petición**. Por lo tanto, el elemento clave para determinar la naturaleza de «transfronterizo» es el domicilio o residencia de las partes, para lo cual se debe de tener en cuenta lo dispuesto en el artículo 3.2 del mismo Reglamento, ya que se prevé que la fijación del domicilio o residencia habitual lo es en el momento de presentar la petición de requerimiento europeo de pago.

Otra limitación con la que nos podemos encontrar, dentro de los asuntos transfronterizos, es que, como ya se ha comentado, únicamente es de aplicación a los Estados miembros de la Unión Europea.

B. La aplicación a asuntos civiles y mercantiles

El proceso monitorio europeo se aplica a las materias civiles y mercantiles, tal y como aparecen concebidas en Bruselas I con dos tipos de importantes excepciones, de acuerdo con lo estipulado en el artículo 2 del Reglamento (CE) 1896/2006):

1. Se excluyen de este concepto las materias fiscal, aduanera y administrativa, así como los casos en que el Estado incurre en responsabilidad por acciones u omisiones en el ejercicio de su autoridad *(acta iure imperii)*.
2. Dentro propiamente de lo que sí son, claramente, materias civiles y mercantiles se excluyen ciertas deudas que pueden plantear alguna duda o problema, lo que complicaría la pretendida tramitación sencilla del monitorio:
   a) Los regímenes matrimoniales.
   b) El concurso de acreedores, los convenios de acreedores y demás procedimientos análogos.
   c) La Seguridad Social.
   d) Los créditos derivados de obligaciones extracontractuales, a no ser que hayan sido objeto de un acuerdo entre las partes o que haya habido un reconocimiento de deuda, o se refieran a deudas líquidas derivadas de una comunidad de propietarios.

Respecto a esta exclusión, el problema es que la diferencia entre obligaciones contractuales y extracontractuales no es algo en lo que encontremos unidad entre los distintos Estados miembros, lo que puede generar conflictos importantes.

Conviene insistir en lo que debe entenderse por materia civil y mercantil, ya que no responde, de la misma forma, a los parámetros de los distintos Estados miembros, sino que estamos ante un concepto autónomo y propio del Derecho comunitario.

TRAMITACIÓN DEL PROCESO MONITORIO EUROPEO

La competencia objetiva para conocer del proceso monitorio se atribuye al Juzgado de Primera Instancia. Para establecer la competencia territorial se debe acudir al Reglamento (UE) 1215/2012 de 12 de diciembre de 2012, relativo a la competencia judicial, el reconocimiento y la ejecución de resoluciones judiciales en materia civil y mercantil, y, en lo no previsto, con arreglo a la legislación procesal española.

La **petición de requerimiento europeo de pago** se presenta a través de formulario (Formulario A), que figura en el Anexo I del Reglamento (CE) 1896/2006, sin necesidad de aportar documentación alguna, que en su caso será inadmitida.

No obstante, se debe tener en cuenta la cuestión prejudicial planteada ante el Tribunal de Justicia de la Unión Europea y recogida en la Sentencia, de 19 de diciembre de 2019, asunto C-453/2018 *(TOL7.628.309)*, que declaraba que los artículos 7.2d) y e) del Reglamento 1896/2006, y los artículos 6.1 y 7.1 de la Directiva 93/13/CEE, de 5 de abril de 1993, sobre cláusulas abusivas en los contratos celebrados con consumidores *(TOL6.192)*, deben interpretarse en el sentido de que permiten que el órgano jurisdiccional que conoce de un proceso monitorio europeo pueda pedir al acreedor información complementaria sobre las cláusulas que invoca para acreditar la deuda de que se trate, con el fin de controlar de oficio el carácter abusivo de esas cláusulas, y, en consecuencia, se oponen a una normativa como la española que declara inadmisible la documentación complementaria aportada a tal efecto.

Además, este Tribunal argumenta, de conformidad con el artículo 7.1 del Reglamento 1896/2006, que la petición de requerimiento europeo de pago debe realizarse utilizando el Formulario A que figura en el Anexo I del citado Reglamento. Si se acude al campo 10 de este formulario se desprende que el demandante tiene la posibilidad de indicar y describir los tipos de medios de prueba de los que dispone, incluidas las pruebas documentales. Igualmente, del campo 11 del formulario resulta que puede añadirse información complementaria a la requerida expresamente por los campos anteriores de dicho formulario, de modo que este posibilita que se aporte información adicional relativa a las cláusulas que se invocan para acreditar la deuda, en particular, reproduciendo todo el contrato o aportando una copia del mismo, con el fin de poder examinar el carácter eventualmente abusivo de tales cláusulas, con arreglo a los artículos 6.1 y 7.1 de la Directiva 93/13/CEE.

De acuerdo con el artículo 9.1 del Reglamento 1896/2006, se establece que el órgano jurisdiccional ante el que se haya presentado dicha petición está facultado, valiéndose del Formulario B, que viene recogido en el Anexo II de dicho Reglamento, para solicitar al acreedor que complete o rectifique la información facilitada sobre la base del artículo 7 de este Reglamento. Esto es, una vez presentada la petición de requerimiento europeo de pago, el Letrado de la Administración de Justicia, mediante Decreto y conforme a lo establecido en el Formulario B, puede instar al demandante que **complete o rectifique** su petición, salvo que considere que es «manifiestamente infundada o inadmisible», de acuerdo con lo dispuesto en el artículo 9 de este Reglamento, en cuyo caso resolverá el Juez mediante Auto.

En el caso de que solo una parte de la petición de requerimiento europeo de pago cumpla los requisitos para su admisión, el Letrado de la Administración de Justicia dará traslado de tal circunstancia al Juez para que este, mediante Auto y en la forma prevista en el formulario C, proponga al demandante que acepte o rechace la propuesta de tal requerimiento, por el importe que se especifique en la resolución judicial. En esta propuesta se le debe informar al demandante que, si no acepta la propuesta o no contesta, la petición se inadmite, sin perjuicio de que pueda volver a presentar otra reclamación, nuevamente, por vía europea u optando por el proceso monitorio ordinario nacional. En el supuesto de que el demandante aceptara dicha propuesta realizada por el Tribunal, el resto del crédito podrá ser reclamado por el proceso que corresponda, conforme al Derecho nacional o comunitario.

En cambio, la desestimación de la petición de requerimiento europeo de pago se adoptará mediante Auto, de acuerdo con el artículo 11 del citado Reglamento. Igualmente, se informará al demandante, a través del Formulario D, de los motivos de la desestimación. Contra este Auto no cabe recurso alguno, aunque nada impide al peticionario volver a instar, nuevamente, el pago por la vía, nacional o comunitaria, que considere más adecuada.

Como se ha comentado anteriormente, si el Letrado de la Administración de Justicia considera que la petición reúne los requisitos exigidos, dictará Decreto, en el plazo máximo de 30 días (sin computar el tiempo empleado por el demandante para completar, rectificar o modificar la petición) desde la fecha de presentación de la petición, y en la forma prevista en el formulario E que figura en el Anexo V del Reglamento 1896/2006, requiriendo el pago al demandado. Las notificaciones efectuadas por el Tribunal con ocasión de la tramitación de un proceso monitorio europeo y de la expedición del requerimiento europeo de pago se llevarán a cabo con arreglo a lo dispuesto en la LEC, siempre que se trate de medios de comunicación previstos en el Reglamento (CE) 1896/2006, prioritariamente por medios informáticos o telemáticos y, en su defecto, por cualquier otro medio que, también, permita tener constancia de la entrega al demandado del acto de comunicación.

Una vez notificado al demandado, este puede presentar en el plazo de 30 días desde la notificación del requerimiento, escrito de **oposición** mediante el formulario F que figura en el Anexo VI del Reglamento 1896/2006. Si presenta escrito de oposición en el plazo señalado, el Letrado de la Administración de Justicia comunicará al demandante que ha de instar la continuación del asunto por el procedimiento que corresponda con arreglo a las normas procesales españolas ante el Juzgado de Primera Instancia, de lo Mercantil o de lo Social que corresponda, a menos que ya hubiera solicitado expresamente que, en dicho supuesto, se finalice el proceso.

En el caso de que en el plazo indicado **no se haya formulado oposición o no se haya pagado la deuda**, el Letrado de la Administración de Justicia pondrá fin al proceso monitorio declarando ejecutivo el requerimiento europeo de pago mediante Decreto y en la forma prevista en el formulario G que figura en el **Anexo VII** del Reglamento 1896/2006. Este requerimiento se entregará al demandante debidamente testimoniado por el Letrado de la Administración de Justicia, bien sobre el original bien sobre la copia, haciendo constar esta circunstancia.

EJECUCIÓN

La competencia para la **ejecución** en España de un requerimiento europeo de pago que haya adquirido fuerza ejecutiva corresponde al Juzgado de Primera Instancia del domicilio del demandado. Igualmente, le corresponde la denegación de la ejecución del requerimiento europeo de pago, a instancia del demandado, así como la limitación de la ejecución, la constitución de garantía o la suspensión del procedimiento de ejecución a que se refieren los artículos 22 y 23 del Reglamento 1896/2006.

Sin perjuicio de lo que dispongan las normas contenidas en el Reglamento 1896/2006, los procedimientos de ejecución en España de los requerimientos europeos de pago expedidos en otros Estados miembros se regirán por lo dispuesto en la LEC. La tramitación de la denegación de la ejecución del requerimiento europeo de pago, así como la limitación de la ejecución, su suspensión o la constitución de garantía, se llevarán a cabo con arreglo a lo dispuesto en los artículos 556 y ss. LEC, y se resolverán mediante Auto no susceptible de recurso.

Cuando deba ejecutarse en España un requerimiento europeo de pago, el demandante deberá presentar ante el Juzgado competente una **traducción oficial** al castellano o a la lengua oficial de la comunidad autónoma en cuyo territorio tengan lugar las actuaciones judiciales de dicho requerimiento, certificada de acuerdo con el artículo 21 del Reglamento 1896/2006.

Por regla general, la competencia para la revisión de un requerimiento europeo de pago corresponde al órgano jurisdiccional que lo haya expedido.

Para el caso de que se hubiera expedido en España:

a) El procedimiento para la revisión de un requerimiento europeo de pago, por las causas previstas en el artículo 20.1 del Reglamento

1896/2006, se tramitará y resolverá conforme a lo previsto en los artículos 501 y concordantes LEC para la rescisión de sentencias firmes.

b) La revisión prevista en el artículo 20.2 del Reglamento 1896/2006 se tramita por medio del incidente de nulidad de actos judiciales, de acuerdo con el artículo 241 LOPJ.

Las cuestiones procesales no previstas en el Reglamento 1896/2006 para la expedición de un requerimiento europeo de pago se regirán por lo previsto para el proceso monitorio ordinario nacional.

Los originales de los formularios contenidos en los anexos del Reglamento 1896/2006 integrarán el procedimiento tanto en los casos en los que España sea Estado emisor del requerimiento europeo de pago como en los casos en los que España sea Estado de ejecución del mismo. A los efectos oportunos, se expedirán las copias testimoniadas que correspondan.

Para recordar:

Objeto
• El proceso monitorio europeo aparece como una vía de reclamación transfronteriza de créditos pecuniarios no impugnados, si bien, a diferencia del monitorio español, incluye no solo reclamaciones de naturaleza civil o mercantil sino también de las derivadas del contrato de trabajo. • Tiene carácter facultativo, lo que significa que al acreedor le caben otras vías para conseguir la efectiva satisfacción de su crédito. • Procedimiento alternativo con procesos nacionales o comunitarios. • Se trata de un procedimiento judicial caracterizado por el uso de formularios.

Ámbito de aplicación
Material: • Asuntos transfronterizos en el momento de pedir requerimiento: una parte con domicilio o residencia en un Estado Miembro distinto al que pertenece el órgano (art. 3). • Materia civil y mercantil, al margen de qué Órgano Jurisdiccional lo conozca (art. 2.1). • Reglamento (CE) 1896/2006, de 12 de diciembre de 2006, por el que se establece un proceso monitorio europeo. • Ley 4/2011, de 24 de marzo, de modificación de la Ley 1/2000, de 7 de enero, de Enjuiciamiento Civil, para facilitar la aplicación en España de los procesos europeos monitorio y de escasa cuantía. • **Exclusiones**: fiscal/aduanero/administrativo, responsabilidad o Estado *iure imperii* (art. 2.2): o REM, testamentos y sucesiones o Quiebra o Seguridad social o Créditos derivados de obligaciones extracontractuales, salvo que hayan sido objeto de acuerdo o reconocimiento de deuda o se refieran a comunidad de propietarios.

- **Espacial**: entre EM, salvo Dinamarca.
- **Temporal**: En vigor desde 01-12-2008
- **Relaciones con otras normas**: Sin perjuicio de R. el PEEC se regirá por Derecho procesal de EM (art. 26).
- **CJI** según Reglamento 1215/2012
- **Notificaciones**-remite a Reglamento 1393/2007

Características

- Proceso europeo uniforme
- Procedimiento con carácter opcional o facultativo para el demandante
- Aplicable en materia civil y mercantil, en asuntos transfronterizos
- Proceso monitorio sin límite de cuantía
- Procedimiento monitorio puro
- Estructura monofásica
- Supresión del exequátur
- No se exige representación de abogado u otro profesional del Derecho

Modificaciones del Reglamento 1896/2006, de 12 de diciembre de 2006, por el que se establece un proceso monitorio

- **Artículo 7, en su apartado 4**, relativo a la petición de requerimiento europeo de pago.
- **Artículo 17**, relativo a los efectos de presentación de un escrito de oposición.
- **Artículo 25, en su apartado 1**, relativo a las tasas judiciales.
- **Artículo 30**, relativo a la Modificación de los anexos.
- **Artículo 31**, relativo al Ejercicio de la delegación.

A diferencia del anterior, en caso de que el demandado presente oposición ante el requerimiento europeo de pago de un PME, el proceso podrá seguir, siempre y cuando el asunto entre dentro del ámbito de aplicación.

Fuente:
https://eur-lex.europa.eu/legal-content/ES/LSU/?uri=celex:32006R1896

3.2.3.2. Ámbito de aplicación

3.2.3.2.1. Ámbito de aplicación territorial

El Reglamento relativo al proceso monitorio europeo es **aplicable en todos los Estados miembros con excepción de Dinamarca**, lo que significa que nadie puede pedir un requerimiento europeo de pago a un órgano jurisdiccional danés y que un requerimiento europeo de pago no se ejecutará en Dinamarca.

3.2.3.2.2. Ámbito de aplicación material

El proceso monitorio europeo **se aplica en los asuntos transfronterizos en materia civil y mercantil**, con independencia de la naturaleza del órgano jurisdiccional o tribunal. Los órganos jurisdiccionales designados como competentes en el Estado miembro correspondiente pueden examinar los asuntos que cumplen los requisitos del Reglamento.

El propio Reglamento no define la naturaleza de una materia civil o mercantil. Sin embargo, excluye de manera expresa de su ámbito de aplicación las siguientes categorías de materias: fiscal, aduanera y administrativa, así como los casos en que el Estado incurra en responsabilidad por acciones u omisiones, en el ejercicio de su autoridad. Así, en este tipo de asuntos, el órgano jurisdiccional no está obligado a examinar si el asunto es de naturaleza civil o mercantil.

Asuntos en materia civil y mercantil

El artículo 2.1 RPME establece que dicho reglamento **se aplicará en los asuntos transfronterizos en materia civil y mercantil**, con independencia de la naturaleza del órgano jurisdiccional. No incluirá, en particular, las materias fiscal, aduanera y administrativa, ni los casos en que el Estado incurra en responsabilidad por acciones u omisiones en el ejercicio de su autoridad *(acta iure imperii)*. Por lo tanto, es el Derecho privado patrimonial la materia propia de este instrumento, sin perjuicio de que no todas las materias incluidas en el ámbito del Derecho privado patrimonial entren dentro del ámbito de aplicación del Reglamento. **En particular, se excluyen las materias de Derecho público** (materias fiscal, aduanera y administrativa, así como la responsabilidad del Estado por el ejercicio de su autoridad). Sin perjuicio de las materias que pertenecen al ámbito del Derecho privado patrimonial entran dentro del ámbito de aplicación del RPME.

Con arreglo a la jurisprudencia del Tribunal de Justicia de las Comunidades Europeas, al término «**asuntos en materia civil y mercantil**» debe dársele un significado autónomo derivado de los objetivos y del sistema de la legislación comunitaria afectada, así como de los principios generales que constituyen la base de los ordenamientos jurídicos nacionales en su conjunto *(C-29/76 LTU Lufttransportunternehmen GmbH & Co KG/Eurocontrol, Rec. 1976, 1541)*.

El Tribunal sostiene que hay dos elementos pertinentes para decidir si un litigio es efectivamente de naturaleza civil y mercantil:

- El objeto del litigio.
- El tipo de relación entre las partes afectadas.

En particular en lo relativo a acciones en las que esté implicada una autoridad, el Tribunal especificó que una cuestión no es «civil o mercantil» cuando se refiere a un litigio entre una autoridad y un particular, cuando la primera actuó en el ejercicio del poder público. Por lo tanto, el Tribunal distingue entre acta *iure imperii*, que están excluidos de la noción de «materia civil o mercantil», y *acta iure gestionis* que, por el contrario, están incluidos en tal noción. La distinción entre *acta iure imperii* y *acta iure gestionis* no siempre es fácil de establecer en la práctica, pero en la jurisprudencia del Tribunal se encuentran las siguientes directrices:

a) ***En el asunto Eurocontrol***, el Tribunal sostuvo que una demanda de una autoridad pública creada por un tratado internacional para recaudar de una parte privada cargas por el uso de equipos y servicios, cuando tal uso era obligatorio y las cargas se fijaron unilateralmente, no constituye un asunto de naturaleza civil o mercantil.

b) *En el asunto Rüffer (C-814/79 Netherlands/Rüffer*; Rec. 1980, 3807), el Tribunal sostuvo que una demanda de una autoridad pública que exige a una naviera la devolución de los costes contraídos durante la extracción de un precio tampoco puede considerarse como un asunto de naturaleza civil o mercantil.

c) Por el contrario, ***en el asunto Sonntag*** (C-172/91, Rec. 1993, I-1963), el Tribunal sostuvo que una acción civil ejercitada para obtener la reparación del perjuicio causado a un particular como consecuencia de un ilícito penal reviste carácter civil. Sin embargo, dicha acción queda excluida del ámbito del término «asuntos civiles o mercantiles» cuando el responsable del perjuicio deba considerarse autoridad que actúe en el ejercicio del poder público (en este caso no se consideró que un profesor que vigilaba a unos alumnos correspondiese a la definición de **actuación en el ejercicio del poder público**).

d) En el ***asunto Gemeente Steenbergen*** (C-271/00, Rec. 2002, I-10489) *(TOL260.138)*, el Tribunal sostuvo que el concepto de «materia civil» engloba las acciones de repetición por las que un organismo público reclama a una persona de Derecho privado el reembolso de las cantidades que abonó en concepto de asistencia social al cónyuge divorciado y al hijo de dicha persona, en la medida en que el fundamento y las modalidades de ejercicio de dichas actuaciones estén reguladas por las normas de Derecho común aplicables a la obligación de alimentos. En el caso de que la acción de repetición se base en disposiciones mediante las cuales el legislador haya conferido al organismo público una prerrogativa propia, dicha acción no puede considerarse «**materia civil**».

e) ***En el asunto Préservatrice foncière*** (C-266/01, Rec. 2003, I-4867) *(TOL268.303)*, el Tribunal sostuvo que el concepto de «materia civil y mercantil» se refiere a una acción mediante la cual un Estado insta, frente a una persona de Derecho privado, la ejecución de un contrato de fianza de Derecho privado que se ha celebrado para permitir a otra persona prestar una garantía exigida y definida por dicho Estado, siempre que la relación jurídica entre el acreedor y el fiador, tal como resulta del contrato de fianza, no responda al ejercicio por parte del Estado de facultades exorbitantes en relación con las normas aplicables en las relaciones entre particulares.

f) *En el asunto Frahuil/Assitalia*, (C-265/02, Rec. 2004, I-1543) *(TOL363.499)*, el Tribunal sostuvo que una acción promovida mediante subrogación legal contra un importador que debía derechos de aduana, por parte del garante que abonó dichos derechos a la Administración de aduanas en el marco de la celebración de un contrato de fianza conforme al cual se había comprometido ante la Administración de aduanas a garantizar el pago de dichos derechos por el transitario, que originalmente había recibido instrucciones del deudor principal para pagar la deuda, debe considerarse incluida en el concepto de «materia civil y mercantil».

g) Finalmente, ***en el asunto Lechouritou***, (C-292/05, Rec. 2007, I-1519) *(TOL4.627.571)*, el Tribunal confirmó que la reparación de los daños sufridos en el marco de operaciones bélicas por fuerzas armadas no está comprendida en el concepto de «materia civil».

Asuntos transfronterizos

El Reglamento relativo al proceso monitorio europeo se aplica solo a asuntos transfronterizos. El artículo 3 del Reglamento relativo al proceso monitorio europeo define estos casos como aquellos en los que al menos una de las partes está domiciliada o tiene su residencia habitual en un Estado miembro distinto de aquel al que pertenezca el órgano jurisdiccional ante el que se haya presentado la petición.

En determinadas situaciones, esta disposición da igualmente acceso al proceso monitorio europeo a demandantes que no son de la UE (es decir, que no están domiciliados ni tienen su residencia habitual en un Estado miembro): si el deudor está domiciliado o tiene su residencia habitual en un Estado miembro distinto del Estado miembro del órgano jurisdiccional competente, un demandante que no sea nacional de la UE también puede presentar una petición de requerimiento europeo de pago, ya que se cumplen las condiciones establecidas en el artículo 3 en relación con las partes.

Un acreedor que esté domiciliado o tenga su residencia habitual en un Estado miembro distinto del Estado miembro del órgano jurisdiccional competente, también podrá solicitar un requerimiento europeo de pago contra un demandado que esté domiciliado o tenga su residencia habitual fuera de la Unión Europea.

El domicilio se determinará con arreglo al concepto de domicilio definido en el Reglamento relativo a la competencia judicial, el **reconocimiento y la ejecución de resoluciones judiciales en materia civil y mercantil Reglamento «Bruselas I bis»** *(TOL2.701.212)*.

En la práctica, el domicilio o la residencia habitual de las partes se determina sobre la base de la **información proporcionada por el demandante en el formulario A**. Habida cuenta de que el examen inicial de la petición puede revestir la forma de un procedimiento automatizado, es suficiente con comprobar que la dirección indicada de una de las partes está en un Estado miembro diferente del Estado miembro del órgano jurisdiccional ante el que se ha presentado el asunto.

Sin embargo, si el órgano jurisdiccional alberga dudas sobre la exactitud de la información proporcionada, puede optar por pedir al demandante que rectifique o complete la solicitud.

El domicilio o la residencia habitual de las partes es objeto de evaluación cuando se presenta una petición de requerimiento europeo de pago. Con arreglo al artículo 3, apartado 3, **el momento adecuado para determinar el carácter transfronterizo del asunto será aquel en el que se presente la petición y no el momento en que ocurrieron los hechos en los que se fundamenta la reclamación.**

3.2.3.2.3. Ámbito de aplicación temporal

El Reglamento por el que se crea el proceso monitorio europeo se aplica en todos los Estados miembros sujetos al mismo **desde el 12 de diciembre de 2008**. Aunque el proceso mismo solo existe a partir de dicha fecha, es posible recurrir al proceso monitorio europeo en todos los litigios sobre materias correspondientes, incluso en asuntos en los que la materia del litigio se hubiera originado antes del 12 de diciembre de 2008, siempre y cuando el período de limitación aplicable a la deuda en cuestión no haya expirado con arreglo al Derecho del órgano jurisdiccional ante el que se presente la petición.

3.2.3.2.4. Competencia judicial

Competencia judicial internacional

La competencia para reclamaciones hechas en virtud del proceso monitorio europeo se determinará con arreglo al **Reglamento «Bruselas I bis»** *(TOL2.701.212)*, con una excepción. Cuando el asunto se refiere a un contrato de consumo, si el demandado es el consumidor, la competencia corresponderá a la del Estado miembro en el cual esté domiciliado el demandado.

El artículo 6.1 RPME establece que, *a efectos de la aplicación del presente Reglamento, la competencia judicial se determinará con arreglo a las normas de Derecho comunitario aplicables en la materia, en particular el Reglamento (CE) n.°* 1215/2012 Reglamento «Bruselas I bis» *(TOL2.701.212)*, el cual estructura los foros de competencia judicial internacional de manera jerárquica.

Competencia judicial nacional

En relación a la competencia judicial nacional, debemos estar a lo dispuesto en la **Disposición final 23.ª** de la LEC *(TOL172.336)*. En su apartado primero, otorga de forma exclusiva y excluyente, al Juzgado de Primera Instancia la jurisdicción y competencia objetiva para expedir el requerimiento europeo de pago.

Del mismo modo, también dispone dicho apartado 1 en su párrafo segundo, la competencia territorial de los tribunales españoles, estableciendo una remisión al RB I bis, y en lo no previsto, a la legislación procesal española, en concreto, a la LEC en sus artículos 50 a 60, los cuales regulan las normas de competencia territorial, contemplando fueros generales y especiales, así como sumisión expresa, pero no tácita por lo ya expuesto anteriormente. **Así, el artículo 813 de la LEC establece la competencia territorial interna de acuerdo a la proximidad del pleito con el domicilio o residencia del demandado**, lo que podría provocar un desajuste entre las reglas de competencia judicial internacional del RB I bis (al cual se remite el art. 6 RPME) y nuestras reglas de competencia judicial interna. Por ello, en relación a la competencia territorial interna se estará al foro especial del domicilio del demandado establecido en el RPME y no a las reglas del Reglamento de «Bruselas I bis» *(TOL2.701.212)*.

Ahora bien, por lo que respecta a cuál es el tribunal competente **en caso de que el demandado presente oposición** y el asunto siga tramitándose por las normas del proceso civil ordinario español (art. 17.1 RPME), el apartado 8 de la Disposición final 23.ª de la LEC *dispone que en el caso de que se presente escrito de oposición en el plazo señalado, el secretario judicial comunicará al demandante que ha de instar la continuación del asunto por el procedimiento que corresponda con arreglo a las normas procesales españolas ante el Juzgado de Primera Instancia, de lo Mercantil o de lo Social que corresponda, a menos que ya hubiera solicitado expresamente que, en dicho supuesto, se ponga fin al proceso.*

3.2.4. Trámite del procedimiento monitorio

Toda la tramitación del proceso monitorio europeo **se realiza a través de formularios**, tanto para los escritos de las partes como para las resoluciones del tribunal. De esta forma, se contribuye a lograr el objetivo de simplificar el procedimiento y establecer un cauce procesal eficaz para la tutela transfronteriza de los créditos no impugnados.

Los formularios se encuentran en el Reglamento de proceso monitorio europeo en sus anexos, también puede accederse a ellos a través del Portal Europeo de e-Justicia[1], son un total de 7 formularios:

- Formulario A. Petición de requerimiento europeo de pago.

1 Formularios disponibles en: https://e-justice.europa.eu/content_european_payment_order_forms-156-es.do?clang=es

- Formulario B. Solicitud al demandante de que complete o rectifique una petición de requerimiento europeo de pago.
- Formulario C. Propuesta de que el demandante modifique una petición de requerimiento europeo de pago.
- Formulario D. Decisión de desestimación de una petición del requerimiento europeo de pago.
- Formulario E. Requerimiento europeo de pago.
- Formulario F. Oposición al requerimiento europeo de pago.
- Formulario G. Declaración de ejecutividad.

3.2.4.1. Petición de requerimiento europeo de pago

3.2.4.1.1. Importe reclamado e intereses

De conformidad con el artículo 7, apartado 2, letra c), en la petición deberá indicarse el importe de la deuda, incluido el principal y, en su caso, los intereses, las penalizaciones contractuales y las costas. El importe del principal de la deuda y cualquier penalización contractual deberán haber vencido y ser exigibles en la fecha en que se presente la petición de requerimiento europeo de pago y deberán especificarse en las secciones 6 y 8 del formulario A.

Los detalles del tipo de interés y del período respecto del cual se reclaman dichos intereses deberán indicarse en la sección 7 **del formulario A**. No es necesario declarar el importe de los intereses. Las directrices para completar el formulario A establecen que, si se solicita el pago de intereses hasta el momento de la resolución judicial, deberá dejarse en blanco la última casilla, correspondiente a la fecha.

A continuación, se expone el **FORMULARIO A** en el proceso monitorio europeo: https://e-justice.europa.eu/156/ES/european_payment_order_forms

Petición de requerimiento europeo de pago

Formulario A

Artículo 7.1 del Reglamento (CE) nº 1896/2006 del Parlamento Europeo y del Consejo por el que se establece un proceso monitorio europeo

Se ruega leer las indicaciones de la última página, le serán útiles para la comprensión de este formulario.

Se ruega tomar nota, en particular, de que este formulario debe cumplimentarse en la lengua o en una de las lenguas empleadas por el órgano jurisdiccional al que se presente la petición. Obsérvese que el formulario está disponible en todas las lenguas oficiales de la Unión Europea; esto podrá serle útil para rellenarlo en la lengua exigida.

Órgano jurisdiccional

Órgano jurisdiccional

Dirección

Código postal	Población	País

Número de asunto (a rellenar por el órgano jurisdiccional)

Recibido por el órgano jurisdiccional (día/mes/año)

Firma y/o sello

2. Partes y representantes de las mismas

Códigos: 01 Demandante; 02 Demandado; 03 Representante del demandante *; 04 Representante del demandado *; 05 Representante legal del demandante **; 06 Representante legal del demandado **

Código	Razón o denominación social		Código de identificación (si procede)	
	Apellidos		Nombre	
	Dirección	Código postal	Población	País
	Teléfono ***	Fax ***	E-mail ***	
	Profesión ***	Otros datos ***		

Código	Razón o denominación social		Código de identificación (si procede)	
	Apellidos		Nombre	
	Dirección	Código postal	Población	País
	Teléfono ***	Fax ***	E-mail ***	
	Profesión ***	Otros datos ***		

Código	Razón o denominación social		Código de identificación (si procede)	
	Apellidos		Nombre	
	Dirección	Código postal	Población	País
	Teléfono ***	Fax ***	E-mail ***	
	Profesión ***	Otros datos ***		

1/9

Generado por el Portal Europeo de Justicia e-Justice

Código	Razón o denominación social			Código de identificación (si procede)	
	Apellidos			Nombre	
	Dirección		Código postal	Población	País
	Teléfono ***	Fax ***		E-mail ***	
	Profesión ***		Otros datos ***		
* p.e., abogado		** p.e., padre, tutor, director general		*** facultativo	

3. Criterios de competencia del órgano jurisdiccional

Códigos:

01 Domicilio del demandado o codemandado
02 Lugar de cumplimiento de la obligación reclamada
03 Lugar del hecho dañoso
04 Si se planteara un litigio relativo a la explotación de sucursales, agencias o cualquier otro establecimiento, lugar en que están situados la sucursal, la agencia o el otro establecimiento
05 Domicilio del fideicomiso
06 Si se planteara un litigio relativo al pago de una remuneración reclamada por el salvamento de un cargamento o de un flete, lugar del órgano jurisdiccional en cuya jurisdicción se haya embargado o haya podido embargarse dicho cargamento o flete
07 Domicilio del titular de la póliza, el asegurado o el beneficiario en cuestiones de seguros
08 Domicilio del consumidor
09 Lugar de trabajo del trabajador por cuenta ajena
10 Lugar en que está situada la empresa que ha contratado al trabajador
11 Lugar en que está situado el inmueble
12 Acuerdo entre las partes de atribución de competencia
13 Domicilio del acreedor de alimentos
14 Otros (especifíquese)

Código	Especificación solo para el Código 14

4. Carácter transfronterizo del asunto

Códigos:

01 Bélgica	06 Grecia	11 Italia	16 Hungría	21 Portugal	26 Suecia
02 Bulgaria	07 España	12 Chipre	17 Malta	22 Rumania	27 Reino Unido
03 Chequia	08 Francia	13 Letonia	18 Países Bajos	23 Eslovenia	28 Otro (especifíquese)
04 Alemania	09 Croacia	14 Lituania	19 Austria	24 Eslovaquia	
05 Estonia	10 Irlanda	15 Luxemburgo	20 Polonia	25 Finlandia	

Domicilio o residencia habitual del demandante	Domicilio o residencia habitual del demandado	País del órgano jurisdiccional

5. Datos bancarios (facultativo)

5.1 Pago de las tasas judiciales por el demandante

Códigos: 01 Por transferencia bancaria; 02 Con tarjeta de crédito; 03 Cobro por el órgano jurisdiccional de la cuenta del demandante; 04 Justicia gratuita; 05 Otros (especifíquese)

Si elige usted los códigos 02 o 03, rellene, por favor, los datos bancarios recogidos en el apéndice 1

Código	Especifíquese antes de elegir el código 05

5.2 Pago por el demandado del importe ordenado judicialmente

Titular de la cuenta	Nombre del banco (BIC) u otro código bancario pertinente
Número de cuenta	Número internacional de cuenta bancaria (IBAN)

2/9

Generado por el Portal Europeo de Justicia e-Justice

EUR	Euro	BGN	Lev Búlgaro	CZK	Corona checa	GBP	Libra esterlina	HUF	Forint húngaro
HRK	Kuna croata	PLN	Zloty polaco	RON	Leu rumano	SEK	Corona sueca		

6. Principal

Moneda:

Otras (según código bancario internacional)

Valor total del principal, excluidos intereses y costas:

La deuda se refiere (Código 1)

01 Contrato de compraventa
02 Contrato de arrendamiento – bien mueble
03 Contrato de arrendamiento – bien inmueble
04 Contrato de arrendamiento – alquiler comercial comercial
05 Contrato de servicios - electricidad, gas, agua, teléfono
06 Contrato de servicios - asistencia sanitaria
07 Contrato de servicios - transporte
08 Contrato de servicios - asesoría legal, fiscal, técnica
09 Contrato de servicios - hotel, restaurante
10 Contrato de servicios - reparación
11 Contrato de servicios - corretaje
12 Contrato de servicios - Otros (especifíquese)
13 Contrato de obras
14 Contrato de seguros
15 Préstamo
16 Fianza u otro tipo de garantía(s)
17 Deudas derivadas de obligaciones extracontractuales si hay acuerdo entre las partes o reconocimiento de deuda (p.e., daños y perjuicios, enriquecimiento ilícito)
18 Deudas nacidas de la propiedad indivisa de un bien
19 Daños y perjuicios - contrato
20 Acuerdo de suscripción (periódico, revista)
21 Cuota de miembro
22 Contrato laboral
23 Avenencia extrajudicial
24 Acuerdo de alimentos
25 Otras (especifíquese)

Circunstancias alegadas (Código 2)

30 Impago
31 Pago incompleto
32 Retraso en el pago
33 Bienes o servicios no entregados
34 Entrega o prestación de bienes o servicios defectuosos
35 Bienes o servicios no conformes al pedido
36 Otros (especifíquese)

Otros datos (Código 3)

40 Lugar de compra
41 Lugar de entrega
42 Fecha de compra
43 Fecha de entrega
44 Tipo de bienes o servicios
45 Dirección del inmueble
46 En caso de préstamo, finalidad: Crédito al consumo
47 En caso de préstamo, finalidad: Crédito hipotecario
48 Otros datos (especifíquese)

ID 1	Código 1	Código 2	Código 3	Exposición de motivos	Fecha* (o periodo)	Importe
ID 2	Código 1	Código 2	Código 3	Exposición de motivos	Fecha* (o periodo)	Importe
ID 3	Código 1	Código 2	Código 3	Exposición de motivos	Fecha* (o periodo)	Importe
ID 4	Código 1	Código 2	Código 3	Exposición de motivos	Fecha* (o periodo)	Importe

* Fecha: día/mes/año

El importe reclamado fue asignado al demandante por (si procede)

Razón o denominación social	Código de identificación (si procede)		
Apellidos	Nombre		
Dirección	Código postal	Población	País

Precisiones adicionales para las deudas relativas a contratos celebrados con consumidores (si procede)

La deuda se refiere a cuestiones relativas a contratos celebrados con consumidores	En caso afirmativo, el demandado es un consumidor	En caso afirmativo: El demandado está domiciliado en el Estado miembro cuyos órganos jurisdiccionales conocen del asunto a tenor del artículo 59 del Reglamento (CE) nº 44/2001
Sí no	Sí no	Sí no

3/9

Generado por el Portal Europeo de Justicia e-Justice

7. Interés

Códigos (indíquese la combinación de número y letra):

01 Legal	02 Contractual	03 Capitalización de intereses	04 Tipo de interés de préstamo **	05 Importe calculado por el demandante	06 Otros ***
A Anual	B Semestral	C Trimestral	D Mensual	E Otros ***	

ID *	Código	Tipo de interés (%)	% por encima del tipo de base (BCE)	sobre (Importe)	desde el	hasta el
ID *	Código	Tipo de interés (%)	% por encima del tipo de base (BCE)	sobre (Importe)	desde el	hasta el
ID *	Código	Tipo de interés (%)	% por encima del tipo de base (BCE)	sobre (Importe)	desde el	hasta el
ID *	Código	Tipo de interés (%)	% por encima del tipo de base (BCE)	sobre (Importe)	desde el	hasta el

ID * Especifíquese para el Código 6 y/o E

* Consígnese la identificación de la deuda correspondiente

** Obtenido por el demandante por un importe igual o superior al del principal

*** Especifíquese

8. Penalizaciones contractuales (si procede)

Importe	Especifíquese

9. Costas (si procede)

Códigos: 01 Tasas judiciales 02 Otros (especifíquese)

Código	Especificación solo para el Código 02	Moneda	Importe
Código	Especificación solo para el Código 02	Moneda	Importe
Código	Especificación solo para el Código 02	Moneda	Importe
Código	Especificación solo para el Código 02	Moneda	Importe

10. Medios de prueba que acreditan la deuda

Códigos: 01 Documentales 02 Testimoniales 03 Periciales 04 Inspección de objetos o locales 05 Otros (especifíquese)

ID *	Código	Descripción de las pruebas	Fecha (día/mes/año)
ID *	Código	Descripción de las pruebas	Fecha (día/mes/año)
ID *	Código	Descripción de las pruebas	Fecha (día/mes/año)
ID *	Código	Descripción de las pruebas	Fecha (día/mes/año)

* Consígnese la identificación de la deuda correspondiente

4/9 Generado por el Portal Europeo de Justicia e-Justice

11. Otras alegaciones e información complementaria (si procede)

Por la presente, solicito al órgano jurisdiccional que requiera del demandado (de los demandados) el pago al demandante (a los demandantes) del importe del principal indicado anteriormente, más los intereses, penalizaciones contractuales y costas.

Declaro que, a mi leal saber y entender, la información facilitada es correcta.

Soy consciente de que cualquier declaración falsa podrá acarrear las sanciones oportunas con arreglo al Derecho del Estado miembro de origen.

Lugar	Fecha (día/mes/año)	Firma y/o sello

5/9 Generado por el Portal Europeo de Justicia e-Justice

Apéndice 1 de la petición de requerimiento europeo de pago

Datos bancarios a efectos del pago de tasas judiciales por el demandante

Códigos: 02 Con tarjeta de crédito 03 Cobro por el órgano jurisdiccional de la cuenta bancaria del demandante

Código	Titular de la cuenta	Nombre del banco, BIC u otro código bancario pertinente / Compañía de la tarjeta de crédito:

Número de cuenta / número de tarjeta de crédito	Número internacional de cuenta bancaria (IBAN) / Fecha de caducidad y código de seguridad de la tarjeta de crédito

6/9 Generado por el Portal Europeo de Justicia e-Justice

Apéndice 2 de la petición de requerimiento europeo de pago

Continuación del procedimiento cuando se presente un escrito de oposición

Códigos:

01. En caso de que el demandado presente un escrito de oposición, solicito el sobreseimiento del proceso.

02. En caso de que el demandado presente un escrito de oposición, solicito que el proceso continúe, si procediere, con arreglo a las normas sobre el proceso europeo de escasa cuantía.

03. En caso de que el demandado presente un escrito de oposición, solicito que el proceso continúe con arreglo al procedimiento civil nacional que corresponda.

Número de asunto (deberá completarse si este apéndice se envía al órgano jurisdiccional por separado del formulario)		
Razón o denominación social	Apellidos	Nombre
Código	Si a pesar de la elección mencionada más arriba mi demanda no pudiere tramitarse por el proceso europeo de escasa cuantía (código 02), solicito que el proceso **sea sobreseído** ☐ **continúe con arreglo al procedimiento civil nacional que corresponda** ☐	
Lugar	Fecha (día/mes/año)	Firma y/o sello

7/9

Generado por el Portal Europeo de Justicia e-Justice

INDICACIONES PARA CUMPLIMENTAR EL FORMULARIO DE PETICIÓN

Información importante

Este formulario debe cumplimentarse en la lengua o en una de las lenguas empleadas por el órgano jurisdiccional al que se presente la petición. Obsérvese que el formulario está disponible en todas las lenguas oficiales de la Unión Europea; esto podrá serle útil para rellenarlo en la lengua exigida.

En caso de que el demandado presente un escrito de oposición a su crédito, el proceso continuará ante los órganos jurisdiccionales competentes conforme a las normas del proceso civil ordinario. Si usted no deseara continuar el proceso en tal caso, debe cumplimentar además el Apéndice 2 del presente formulario. El órgano jurisdiccional debe recibir dicho anexo antes de que se expida el requerimiento europeo de pago.

Si la petición se refiere a un crédito contra un consumidor respecto de un contrato celebrado con consumidores, deberá presentarse ante el órgano jurisdiccional competente del Estado miembro del domicilio del consumidor. En los demás casos, la petición deberá presentarse ante el órgano jurisdiccional competente a tenor de las normas del Reglamento (CE) n.o 44/2001 del Consejo (*). En el Portal Europeo de e-Justicia se da información sobre las normas de atribución de competencia https://e-justice.europa.eu/content_jurisdiction-85-es.do.

Por favor, asegúrese de que ha firmado e indicado la fecha debidamente en la última página del formulario.

Indicaciones

Al principio de cada rúbrica encontrará códigos específicos que deberán insertarse, cuando proceda, en las casillas correspondientes.

1. **Órgano jurisdiccional** Al elegir el órgano jurisdiccional, debe tener en cuenta los criterios de competencia del órgano jurisdiccional.

2. **Partes y representantes de las mismas** En este campo deben identificarse las partes y sus representantes (por ejemplo, abogados o tutores), si los hubiere, con arreglo a los códigos indicados en el formulario. La casilla [Código de identificación] hace referencia al número especial de que disponen los letrados en algunos Estados miembros a efectos de comunicación electrónica con el órgano jurisdiccional (véase el artículo 7, apartado 6, párrafo segundo, del Reglamento (CE) n.o 1896/2006), al número de registro de las sociedades u organizaciones o a cualquier otro número de identificación aplicable a las personas físicas. La casilla [Otros datos] podrá completarse con cualquier otra información que permita identificar a la persona (p.e., fecha de nacimiento, cargo de la persona nombrada en la sociedad u organización de que se trate...). Si hubiera más de cuatro partes o representantes, empléese el campo [11].

3. **Criterios de competencia del órgano jurisdiccional** Véase la información importante que figura más arriba.

4. **Carácter transfronterizo del asunto** Para poder acogerse al presente proceso monitorio europeo, al menos dos de las casillas de este campo deberán corresponder a distintos Estados miembros.

5. **Datos bancarios (facultativo)** En el apartado [5.1], indique de qué modo abonará las tasas judiciales. Le rogamos tenga en cuenta que, como el órgano jurisdiccional al que presente su petición no dispondrá necesariamente de todos los medios para el pago enumerados en este campo, deberá verificar qué medios de pago aceptará dicho órgano. Para ello, podrá ponerse en contacto con el órgano jurisdiccional de que se trate o consultar la página electrónica de la Red Judicial Europea en asuntos civiles y mercantiles (http://ec.europa.eu/civiljustice/). Si decide usted pagar mediante tarjeta de crédito o permite al órgano jurisdiccional percibir el cobro de su cuenta corriente, deberá incluir los correspondientes datos de su tarjeta de crédito o cuenta corriente en el Apéndice 1 de este formulario. En el apartado [5.2], consigne la información necesaria para que el demandado haga efectivo el pago de la deuda. Si desea que el pago se haga efectivo mediante transferencia bancaria, sírvase consignar los datos bancarios necesarios.

6. **Principal** En este campo debe consignarse la descripción del principal y las circunstancias en las que se fundamenta, conforme a los códigos indicados en el formulario. Deberá utilizar un número de identificación ("ID") para cada deuda, numerándolas de 1 a 4. Cada deuda deberá especificarse en la línea de la casilla siguiente al número de identificación, rellenando los números correspondientes de los códigos 1, 2 y 3. Si necesitara más espacio, emplee el campo [11]. La casilla [Fecha (o periodo)] alude, por ejemplo, a la fecha del contrato o del hecho dañoso, o al periodo del arrendamiento.

7. **Intereses** Si se solicita el pago de intereses, ello debe especificarse para cada crédito, con arreglo a los códigos indicados en el formulario. El código debe contener el número (primera línea de códigos) y la letra (segunda línea de códigos) pertinentes. Por ejemplo, si se ha convenido por contrato en un tipo de interés y este se calcula anualmente, el código será 02A. Si se solicita el pago de intereses hasta el momento de la resolución judicial, debe dejarse en blanco la última casilla. El código 01 se refiere a un tipo de interés fijado por ley. El código 02 se refiere a un tipo de interés acordado por las partes. Si utiliza el código 03 (capitalización de intereses), el importe indicado constituirá la base para el resto del periodo por cubrir. La capitalización de intereses se refiere a la situación en que los intereses devengados se añaden al principal y se tienen en cuenta a efectos del cálculo de futuros intereses. Obsérvese que en las operaciones comerciales a que se refiere la Directiva 2000/35/CE del Parlamento Europeo y del Consejo (**), el tipo de interés legal será la suma del tipo de interés aplicado por el Banco Central Europeo a su más reciente operación principal de refinanciación efectuada antes del primer día natural del semestre de que se trate (tipo de referencia) más, como mínimo, siete puntos porcentuales. Respecto a los Estados miembros que no participen en la tercera fase de la unión económica y monetaria, el tipo de referencia mencionado anteriormente es el tipo equivalente establecido a escala nacional (por ejemplo, por el banco central nacional). En ambos casos se aplicará, durante los seis meses siguientes, el tipo de referencia del Banco Central Europeo vigente el primer día natural del semestre de que se trate (véase el artículo 3, apartado 1, letra d), de la Directiva 2000/35/CE). El «tipo de base (BCE)» se refiere al tipo de interés aplicado por el Banco Central Europeo a sus operaciones principales de refinanciación.

8. **Penalizaciones contractuales (si procede)**

9. **Costas (si procede)** Si se reclama el reembolso de las costas, estas deberán describirse mediante los códigos indicados en el formulario. La casilla [especificación] solo deberá completarse si se utiliza el código 02; por ejemplo, si se reclama el reembolso de costas que no sean tasas judiciales. Entre estas costas podrían incluirse, por ejemplo, las del representante del demandante o las costas precontenciosas. Si usted reclama el reembolso de la tasa judicial pero desconoce su importe exacto, deberá cumplimentar la casilla [Código] 01 pero podrá dejar en blanco la casilla [Importe]; el órgano jurisdiccional hará constar en ella el importe.

10. **Medios de prueba que acreditan la deuda** Deberán especificarse en este campo los medios de prueba disponibles que acrediten cada deuda empleando los códigos indicados en el formulario. En la casilla [Descripción de las pruebas] figurará, por ejemplo, el título, denominación o número de referencia del documento en cuestión, la cuantía mencionada en el mismo, o el nombre del testigo o del perito.

11. **Otras alegaciones e información complementaria (si procede)** Podrá emplear este campo en caso de necesitar más espacio para cualesquiera de los campos anteriores o, si fuere necesario, para aportar información útil al órgano jurisdiccional. Por ejemplo, en caso de que varios demandados sean responsables, cada uno, de una parte de la deuda reclamada, deberá indicar aquí el importe debido individualmente por cada uno de los demandados.

Apéndice 1. En él podrá indicar los detalles de su tarjeta de crédito o cuenta corriente si opta por pagar su tasa judicial mediante tarjeta de crédito o permite al órgano jurisdiccional de que se trate percibir directamente el cobro de su cuenta corriente. Obsérvese que el órgano jurisdiccional al que presente su petición no dispondrá necesariamente de todos los medios para el pago enumerados en este campo. Tómese nota de que la información proporcionada en el Apéndice 1 no se enviará al demandado.

Apéndice 2. En él ha de informar al órgano jurisdiccional de lo que debe suceder si no desea continuar con el proceso en caso de que el demandado presente un escrito de oposición a su demanda. Emplee el código pertinente. Una de las opciones consiste en que el proceso continúe con arreglo al proceso europeo de escasa cuantía (***). No obstante, este proceso tan solo resulta de aplicación si su crédito no supera los 5 000 EUR. Para saber más sobre las condiciones aplicables a este proceso, consulte el Portal Europeo de e-Justicia en: https://e-justice.europa.eu/content_small_claims-42-es.do. Si opta por este proceso, sírvase también indicar lo que debe suceder si el proceso no fuere aplicable. Márquese la casilla pertinente. Si envía esta información al órgano jurisdiccional tras haber enviado el formulario, asegúrese de que rellena el número de asunto facilitado por dicho órgano. Tómese nota de que la información proporcionada en el apéndice 2 no se enviará al demandado.

(*) Reglamento (CE) n.o 44/2001 del Consejo, de 22 de diciembre de 2000, relativo a la competencia judicial, el reconocimiento y la ejecución de resoluciones judiciales en materia civil y mercantil (DO L 12 de 16.1.2001, p. 1).

8/9 Generado por el Portal Europeo de Justicia e-Justice

(**) Directiva 2000/35/CE del Parlamento Europeo y del Consejo de 29 de junio de 2000 por la que se establecen medidas de lucha contra la morosidad en las operaciones comerciales (DO L 200 de 8.8.2000, p. 35).
(***) Reglamento (CE) n.o 861/2007 del Parlamento Europeo y del Consejo, de 11 de julio de 2007, por el que se establece un proceso europeo de escasa cuantía (DO L 199 de 31.7.2007, p. 1).

En el formulario E, el órgano jurisdiccional debe indicar el importe total adeudado por el demandado o los demandados en la fecha del requerimiento. El Reglamento no menciona si se pueden exigir intereses después de esa fecha.

La misma consideración se aplica si **se añade de oficio un interés legal al principal en virtud del Derecho del Estado miembro de origen**. En tal caso, de conformidad con el artículo 7, apartado 2, letra c), el demandante no tiene obligación de indicar el tipo de interés y las fechas entre las que se aplica el interés.

Los detalles de las costas adeudadas se incluyen en la sección 9 del formulario A. Aunque las costas principales aquí contempladas corresponden a tasas judiciales, las directrices para completar el formulario A indican que otras costas podrían incluir los honorarios de un representante del demandante o costas precontenciosas. En virtud del artículo 25, **las tasas judiciales pueden incluir las tasas y derechos que hayan de pagarse al órgano jurisdiccional**, cuyo importe se fijará con arreglo al Derecho nacional. Las directrices también aclaran que, si el demandante desconoce el importe de las tasas judiciales, podrá dejar en blanco la casilla del importe, que será rellenada por el órgano jurisdiccional.

Causa de la acción y descripción de los medios de prueba

En virtud del artículo 7, **una petición de requerimiento europeo de pago debe incluir la causa de la acción**, incluida una descripción de las circunstancias invocadas como fundamento de la deuda y, en su caso, de los intereses reclamados. También debe incluirse una descripción de los medios de prueba que acrediten la deuda.

El Reglamento no especifica el nivel de detalle que un demandante debe proporcionar, ni tampoco establece el modo en el que un órgano jurisdiccional debe llevar a cabo el examen de una reclamación. Sin embargo, sí deja claro que **no es necesario que sea un juez quien lleve a cabo el examen de una petición de requerimiento europeo de pago** y, en virtud del artículo 8, este podrá revestir la forma de un procedimiento automatizado. Los órganos jurisdiccionales deberán examinar la petición basándose en la información facilitada en el formulario de petición. Al completar una petición, **el demandante debe proporcionar información suficiente** para que el demandado decida con conocimiento de causa si la impugna o no. También deberá contener información suficiente para que el órgano jurisdiccional pueda examinar prima facie los fundamentos de la petición y, entre otras cosas, excluir peticiones manifiestamente infundadas o inadmisibles. A tal efecto, **el formulario A que figura en el anexo I está diseñado para incluir una lista lo más completa posible de los distintos medios de prueba** que se presentan habitualmente para acreditar deudas pecuniarias.

Por consiguiente, los demandantes podrán presentar una petición simplemente completando los campos correspondientes de las secciones apropiadas (principalmente las secciones 6 a 10) del formulario. **No es necesario adjuntar documentación acreditativa pero los demandantes son libres de hacerlo** si lo desean. La sección 11 permite a los solicitantes proporcionar otras alegaciones e información complementaria, si procede. Aunque tampoco tienen obligación de hacerlo. En la medida en que el órgano jurisdiccional solo puede examinar una petición basándose en el formulario de petición, el Reglamento no permite en ningún modo que este solicite documentación que acredite la deuda. Sin embargo, valorando esto, **el demandante debe asegurarse de que la petición proporcione información suficiente** para asegurar que se cumplen los requisitos del Reglamento y se fundamente la petición.

3.2.4.1.2. Órganos jurisdiccionales competentes

Los órganos jurisdiccionales competentes en materia de requerimientos europeos de pago son los que han sido designados por los Estados miembros y han sido notificados oficialmente a la Comisión. Habida cuenta de que los Estados miembros pueden modificar estas notificaciones en cualquier momento, **es importante que, en el momento de presentar un requerimiento europeo de pago, se comprueben las notificaciones vigentes. Todas las notificaciones se publican en el Atlas Judicial Europeo en materia civil y mercantil**. Sin embargo, como en la mayoría de los casos estas notificaciones son de naturaleza muy general y se refieren a disposiciones generales del Derecho procesal en cuestión, en ocasiones será necesario llevar a cabo una búsqueda más amplia para encontrar el órgano jurisdiccional correcto. Si la competencia del órgano jurisdiccional es de naturaleza territorial y depende de la dirección del demandado, se puede encontrar un órgano jurisdiccional específico **utilizando la herramienta** «Órganos jurisdiccionales competentes» **del Atlas**. En algunos casos, los Estados miembros han designado órganos jurisdiccionales específicos para los requerimientos europeos de pago. En el supuesto de que la petición se enviará a un órgano jurisdiccional que no fuera competente, el órgano jurisdiccional actuará con arreglo al Derecho nacional.

3.2.4.1.3. Cómo presentar una petición

Los Estados miembros deben aceptar que las peticiones de requerimiento europeo de pago se presenten en papel. No hay requisitos adicionales. Sin embargo, de acuerdo con las notificaciones de los Estados miembros disponibles a través del Atlas Judicial Europeo, **algunos Estados miembros aceptan peticiones en papel únicamente si se presentan por correo o por correo certificado**. Los Estados miembros también pueden aceptar otros métodos para la presentación de peticiones, **incluidos medios electrónicos**, como comunicaciones por fax o por correo electrónico. Si la petición se presenta en formato electrónico, **deberá ir firmada con arreglo al artículo 2**, apartado

2, de la Directiva 1999/93/CE en una forma reconocida por el Estado miembro de origen. No se requerirá la firma electrónica cuando en el Estado miembro de origen exista un sistema electrónico de comunicación alternativo seguro al que tengan acceso, usuarios autentificados y que haya sido notificado a la Comisión. **Antes de presentar una petición, es recomendable comprobar en el Atlas Judicial Europeo el método aceptado por un Estado miembro en particular**. La petición puede ser presentada bien por el demandante, bien por su representante legal. Cabe señalar que, con frecuencia, **junto con la petición deberán pagarse tasas al órgano jurisdiccional correspondiente** (https://e-justice.europa.eu).

3.2.4.1.4. Procedimiento ante el órgano jurisdiccional

El órgano jurisdiccional examinará la petición, pero no llevará a cabo una evaluación de los medios de prueba. Se asegurará de que se cumple todo lo establecido en el artículo 7. Siempre y cuando la petición no sea manifiestamente infundada o inadmisible, el órgano jurisdiccional concederá al demandante la posibilidad de completar o rectificar la petición, utilizando, en su caso, **el formulario B**.

A continuación, se expone el **FORMULARIO B** en el proceso monitorio europeo:

Solicitud al demandante para que complete o rectifique una petición de requerimiento europeo de pago

Formulario B

Artículo 9.1 del Reglamento (CE) n.º 1896/2006 del Parlamento Europeo y del Consejo por el que se establece un proceso monitorio europeo

1. Órgano jurisdiccional

Órgano jurisdiccional		
Dirección		
Código postal	Población	País Union Europea

Número de asunto	
Lugar	Fecha (día/mes/año)
Firma y/o sello	

2. Partes y representantes de las mismas

Códigos: 01 Demandante; 02 Demandado; 03 Representante del demandante *; 04 Representante del demandado *; 05 Representante legal del demandante **; 06 Representante legal del demandado **

Código	Razón o denominación social		Código de identificación (si procede)	
	Apellidos		Nombre	
	Dirección	Código postal	Población	País
	Teléfono ***	Fax ***	E-mail ***	
	Profesión ***	Otros datos ***		
Código	Razón o denominación social		Código de identificación (si procede)	
	Apellidos		Nombre	
	Dirección	Código postal	Población	País
	Teléfono ***	Fax ***	E-mail ***	
	Profesión ***	Otros datos ***		
Código	Razón o denominación social		Código de identificación (si procede)	
	Apellidos		Nombre	
	Dirección	Código postal	Población	País
	Teléfono ***	Fax ***	E-mail ***	
	Profesión ***	Otros datos ***		

1/2

Generado por el Portal Europeo de Justicia e-Justice

Código	Razón o denominación social			Código de identificación (si procede)	
	Apellidos			Nombre	
	Dirección		Código postal	Población	País
	Teléfono ***	Fax ***		E-mail ***	
	Profesión ***		Otros datos ***		
* p.e., abogado		** p.e., padre, tutor, director general		*** facultativo	

A raíz del examen de su petición de requerimiento europeo de pago, le rogamos tenga a bien completar o rectificar cuanto antes la petición que se adjunta conforme a lo indicado a continuación, y en todo caso no más tarde del

/ /

Su petición inicial debe completarse o rectificarse en la lengua o en una de las lenguas empleadas por el órgano jurisdiccional al que se haya presentado.
El órgano jurisdiccional desestimará la petición en caso de que usted no la complete o rectifique en el plazo arriba indicado.

Su petición no ha sido cumplimentada en la lengua correcta. Debe cumplimentarla en una de las siguientes lenguas:

01 Búlgaro	06 Griego	11 Lituano	16 Portugués	21 Sueco
02 Checo	07 Francés	12 Húngaro	17 rumano	22 Inglés
03 Alemán	08 croata	13 Maltés	18 Eslovaco	23 otra lengua (especifíquese)
04 Estonio	09 Italiano	14 Neerlandés	19 Esloveno	
05 Castellano	10 letón	15 Polaco	20 Finés	

Código lingüístico	Especificación lingüística (solo para el código 23)

Debe completar o rectificar los apartados siguientes:

Códigos:

01 Partes y representantes de las mismas	04 Datos bancarios	07 Penalizaciones contractuales	10 Otras alegaciones e información complementaria
02 Criterios de competencia del órgano jurisdiccional	05 Principal	08 Costas	11 Firma
03 Carácter transfronterizo del asunto	06 Interés	09 Pruebas que acrediten la deuda	

Código	Especifíquese
Código	Especifíquese
Código	Especifíquese
Código	Especifíquese
Código	Especifíquese

2/2

Generado por el Portal Europeo de Justicia e-Justice

3.2.4.1.5. Modificación o rectificación

Cuando el órgano jurisdiccional requiera al demandante que complete o rectifique la petición, especificará un plazo de tiempo adecuado a las circunstancias. El órgano jurisdiccional podrá prorrogar dicho plazo de manera discrecional.

En primer lugar, el órgano jurisdiccional pedirá al demandante que complete la petición (modificación).

Si, tras la modificación, los requisitos se cumplen solo respecto de una parte de la petición, el órgano jurisdiccional informará de ello al demandante. **Se invitará al demandante a aceptar o rechazar una propuesta de requerimiento europeo de pago** por el importe que especifique el órgano jurisdiccional y se le informará de las consecuencias de su decisión, **utilizando el formulario C**.

Si el demandante acepta la propuesta del órgano jurisdiccional, dicho órgano expedirá un requerimiento europeo de pago respecto de la parte de la petición aceptada por el demandante (rectificación). Las consecuencias con respecto a la parte restante del crédito inicial se regularán con arreglo al Derecho nacional.

Si el demandante no envía su respuesta en el plazo especificado por el órgano jurisdiccional o rechaza la propuesta de este, dicho órgano desestimará íntegramente la petición de requerimiento europeo de pago.

El RPME contempla la posibilidad de modificar la petición, así lo establece el artículo 10 señalando que, si los requisitos para la emisión del requerimiento europeo de pago se cumplen solo respecto de una parte de la petición, el órgano jurisdiccional planteará al demandante mediante el formulario C la modificación de su petición, además de informarle de las consecuencias de su decisión. **El demandante podrá aceptar la propuesta de requerimiento europeo de pago parcial** (por el importe que indique el órgano jurisdiccional), o rechazarla. En el caso de que la aceptara, este debe devolver el formulario C al órgano jurisdiccional, en el plazo fijado por este último (el cual, como hemos dicho anteriormente, será adecuado a las circunstancias, pudiendo ser prorrogado de manera discrecional). Aceptada la propuesta, se expedirá el requerimiento europeo de pago respecto de la parte aceptada y la parte restante del crédito podrá ser reclamada con arreglo al Derecho nacional.

A continuación, se expone el **FORMULARIO C** en el proceso monitorio europeo:

Propuesta de que el demandante modifique una petición de requerimiento europeo de pago

Formulario C

Artículo 10.1 del Reglamento (CE) n.º 1896/2006 del Parlamento Europeo y del Consejo por el que se establece un proceso monitorio europeo

1. Órgano jurisdiccional

Órgano jurisdiccional		
Dirección		
Código postal	Población	País Union Europea

Número de asunto	
Lugar	Fecha (día/mes/año)
Firma y/o sello	

2. Partes y representantes de las mismas

Códigos: 01 Demandante; 02 Demandado; 03 Representante del demandante *; 04 Representante del demandado *; 05 Representante legal del demandante **; 06 Representante legal del demandado **

Código	Razón o denominación social		Código de identificación (si procede)	
	Apellidos		Nombre	
	Dirección	Código postal	Población	País
	Teléfono ***	Fax ***	E-mail ***	
	Profesión ***	Otros datos ***		
Código	Razón o denominación social		Código de identificación (si procede)	
	Apellidos		Nombre	
	Dirección	Código postal	Población	País
	Teléfono ***	Fax ***	E-mail ***	
	Profesión ***	Otros datos ***		
Código	Razón o denominación social		Código de identificación (si procede)	
	Apellidos		Nombre	
	Dirección	Código postal	Población	País
	Teléfono ***	Fax ***	E-mail ***	
	Profesión ***	Otros datos ***		

1/2

Generado por el Portal Europeo de Justicia e-Justice

Código	Razón o denominación social			Código de identificación (si procede)	
	Apellidos			Nombre	
	Dirección		Código postal	Población	País
	Teléfono ***	Fax ***		E-mail ***	
	Profesión ***		Otros datos ***		

* p.e., abogado ** p.e., padre, tutor, director general *** facultativo

Tras examinar su petición de requerimiento europeo de pago, el órgano jurisdiccional estima que únicamente se cumplen los requisitos necesarios para una parte de la petición. Por tal motivo, el órgano jurisdiccional le propone que efectúe la siguiente modificación de la petición:

Se ruega envíe su respuesta al órgano jurisdiccional lo antes posible y, en todo caso, antes de la siguiente fecha:

/ /

En caso de que el órgano jurisdiccional no reciba su respuesta dentro del plazo arriba indicado o de que usted se oponga a la presente propuesta, el órgano jurisdiccional desestimará la totalidad de su petición de requerimiento europeo de pago.
En caso de que usted acepte la presente propuesta, el órgano jurisdiccional expedirá un requerimiento europeo de pago para esa parte de la petición. La posibilidad de que usted recupere la parte restante del importe de su deuda inicial mediante un nuevo proceso estará supeditada al Derecho nacional del Estado miembro ante el que se haya presentado la petición.

☐ **Acepto la propuesta del órgano jurisdiccional arriba indicada**		☐ **No acepto la propuesta del órgano jurisdiccional**	
Razón o denominación social		Apellidos	Nombre
Lugar	Fecha (día/mes/año)	Firma y/o sello	
	/ /		

2/2 Generado por el Portal Europeo de Justicia e-Justice

3.2.4.1.6. Desestimación de la petición

El órgano jurisdiccional desestimará la petición, valiéndose del **formulario D.**

A continuación, se expone el **FORMULARIO D** en el proceso monitorio europeo:

Decisión de desestimación de una petición de requerimiento europeo de pago

Formulario D

Artículo 11.1 del Reglamento (CE) nº 1896/2006 del Parlamento Europeo y del Consejo por el que se establece un proceso monitorio europeo

1. Órgano jurisdiccional

Órgano jurisdiccional		
Dirección		
Código postal	Población	País Union Europea

Número de asunto	
Lugar	Fecha (día/mes/año)
Firma y/o sello	

2. Partes y representantes de las mismas

Códigos: 01 Demandante; 02 Demandado; 03 Representante del demandante *; 04 Representante del demandado *; 05 Representante legal del demandante **; 06 Representante legal del demandado **

Código				
Código	Razón o denominación social		Código de identificación (si procede)	
	Apellidos		Nombre	
	Dirección	Código postal	Población	País
	Teléfono ***	Fax ***	E-mail ***	
	Profesión ***	Otros datos ***		
Código	Razón o denominación social		Código de identificación (si procede)	
	Apellidos		Nombre	
	Dirección	Código postal	Población	País
	Teléfono ***	Fax ***	E-mail ***	
	Profesión ***	Otros datos ***		
Código	Razón o denominación social		Código de identificación (si procede)	
	Apellidos		Nombre	
	Dirección	Código postal	Población	País
	Teléfono ***	Fax ***	E-mail ***	
	Profesión ***	Otros datos ***		

1/2

Generado por el Portal Europeo de Justicia e-Justice

Código	Razón o denominación social			Código de identificación (si procede)	
	Apellidos			Nombre	
	Dirección		Código postal	Población	País
	Teléfono ***	Fax ***		E-mail ***	
	Profesión ***	Otros datos ***			
* p.e., abogado	** p.e., padre, tutor, director general			*** facultativo	

El órgano jurisdiccional ha examinado su petición de requerimiento europeo de pago, de conformidad con el artículo 8 del Reglamento (CE) n.º 1896/2006 y ha resuelto desestimarla por los siguientes motivos:

01 La petición no se incluye en el ámbito de aplicación del artículo 2 del Reglamento (artículo 11.1 a)).
02 La petición no se refiere a un asunto transfronterizo de conformidad con el artículo 3 del Reglamento (artículo 11.1 a)).
03 La petición no se refiere a un crédito pecuniario de importe determinado, vencido y exigible a que se refiere el artículo 4 del Reglamento (artículo 11.1 a)).
04 El órgano jurisdiccional no es competente de conformidad con el artículo 6 del Reglamento (artículo 11.1 a)).
05 La petición no se ajusta a los requisitos establecidos en el artículo 7 del Reglamento (artículo 11.1 a)).
06 La petición es manifiestamente infundada (artículo 11.1 b)).
07 La petición no fue completada o rectificada en el plazo especificado por el órgano jurisdiccional (artículo 9.2 y artículo 11.1 c)).
08 La petición no fue modificada en el plazo especificado por el órgano jurisdiccional (artículo 10 y artículo 11.1 d)).

Motivos de desestimación (empléese el código)

Código	Información adicional, si fuere necesario
Código	Información adicional, si fuere necesario
Código	Información adicional, si fuere necesario
Código	Información adicional, si fuere necesario

Contra la presente resolución desestimatoria no cabe recurso. Ello no excluye, sin embargo, la posibilidad de presentar una nueva petición de requerimiento europeo de pago o de incoar cualquier otro proceso previsto por el Derecho de un Estado miembro.

2/2

Generado por el Portal Europeo de Justicia e-Justice

A la **desestimación** se refiere el artículo 11 del RPME, el cual establece que, si la petición no cumple los requisitos de admisibilidad del PME, si:

- No se cumplen los requisitos establecidos en los artículos 2, 3, 4, 6, 7.
- La petición es manifiestamente infundada.
- El demandante no envía su respuesta (a la propuesta del órgano jurisdiccional de modificar la petición) en el plazo especificado por el órgano jurisdiccional.
- El demandante no envía su respuesta en el plazo especificado por el órgano jurisdiccional o rechaza la propuesta de dicho órgano.

Se informará al demandante de los motivos de la desestimación, **contra la desestimación de la petición no cabrá recurso alguno**. La desestimación de la petición no obstará para que el demandante pueda reclamar su crédito mediante una nueva petición de requerimiento europeo de pago o por cualquier otro proceso establecido con arreglo al Derecho de un Estado miembro.

3.2.4.1.7. Expedición y notificación de un requerimiento europeo de pago

Cumplimentación del formulario E

Una vez presentada la petición (formulario A) y, en su caso, una vez debidamente modificada o rectificada a instancia del órgano jurisdiccional, **dicho órgano expedirá el requerimiento europeo de pago mediante el formulario E** que figura en el anexo V, una vez se hayan abonado, en su caso, las tasas judiciales correspondientes. En virtud del artículo 12 del Reglamento, **el formulario E incluye los nombres, las direcciones y otros datos de las partes y de sus representantes, así como el requerimiento al demandado** (o a los demandados, ya que se acepta la responsabilidad solidaria) para que pague el importe reclamado por el demandante, indicado en el formulario A, cuya copia se adjunta al requerimiento. **Este requerimiento indica el importe principal reclamado y los intereses**, en su caso, y el período de tiempo por el que se concede (por ejemplo, hasta la fecha de pago), así como cualquier penalización contractual o costa detalladas en la moneda que se indique.

A continuación, se expone el **FORMULARIO E** del proceso monitorio europeo:

Requerimiento europeo de pago

Formulario E

Artículo 12.1 del Reglamento (CE) nº 1806/2006 del Parlamento Europeo y del Consejo por el que se establece un proceso monitorio europeo

1. Órgano jurisdiccional

Órgano jurisdiccional		
Dirección		
Código postal	Población	País Union Europea

Número de asunto	
Lugar	Fecha (día/mes/año)
Firma y/o sello	

2. Partes y representantes de las mismas

Códigos: 01 Demandante; 02 Demandado; 03 Representante del demandante *; 04 Representante del demandado *; 05 Representante legal del demandante **; 06 Representante legal del demandado **

Código	Razón o denominación social		Código de identificación (si procede)	
	Apellidos		Nombre	
	Dirección	Código postal	Población	País
	Teléfono ***	Fax ***	E-mail ***	
	Profesión ***	Otros datos ***		
Código	Razón o denominación social		Código de identificación (si procede)	
	Apellidos		Nombre	
	Dirección	Código postal	Población	País
	Teléfono ***	Fax ***	E-mail ***	
	Profesión ***	Otros datos ***		
Código	Razón o denominación social		Código de identificación (si procede)	
	Apellidos		Nombre	
	Dirección	Código postal	Población	País
	Teléfono ***	Fax ***	E-mail ***	
	Profesión ***	Otros datos ***		

1/3

Generado por el Portal Europeo de Justicia e-Justice

Código	Razón o denominación social			Código de identificación (si procede)	
	Apellidos			Nombre	
	Dirección		Código postal	Población	País
	Teléfono ***	Fax ***		E-mail ***	
	Profesión ***		Otros datos ***		
* p.e., abogado		** p.e., padre, tutor, director general			*** facultativo

EUR	Euro	BGN	Lev Búlgaro	CZK	Corona checa	GBP	Libra esterlina	HRK	Kuna
HUF	Forint húngaro	LTL	Litas lituana	LVL	Lats letón	PLN	Zloty polaco	RON	Leu rumano
SEK	Corona sueca								
				Otros (con arreglo al código bancario internacional)					

En virtud del artículo 12 del Reglamento (CE) nº 1896/2006, el órgano jurisdiccional expide el presente requerimiento europeo de pago basado en la petición adjunta. Por la presente resolución se le requiere el pago al demandante del importe siguiente:

Demandado 1	Apellidos	Nombre	Razón o denominación social
	Moneda	Importe	Fecha (día/mes/año)
Principal			
Intereses (desde)			
Penalizaciones contractuales			
Costas			
Importe total*			
Demandado 2	Apellidos	Nombre	Razón o denominación social
	Moneda	Importe	Fecha (día/mes/año)
Principal			
Intereses (desde)			
Penalizaciones contractuales			
Costas			
Importe total*			
Responsabilidad conjunta			
*** véase letra f) de «Información importante para el demandado»**			

2/3

Generado por el Portal Europeo de Justicia e-Justice

INFORMACIÓN IMPORTANTE PARA EL DEMANDADO

Se le informa de lo siguiente:

a. Tiene usted la posibilidad de:

i. Pagar al demandante el importe indicado en el presente requerimiento; o bien

ii. Presentar oposición contra el presente requerimiento mediante presentación de escrito de oposición ante el órgano jurisdiccional que lo ha expedido en el plazo indicado en la letra b).

b. El escrito de oposición deberá remitirse al órgano jurisdiccional en el plazo de 30 días a partir de la notificación que se efectúa del presente requerimiento. Este plazo de 30 días comenzará a correr a partir del día siguiente a la notificación del presente requerimiento. Se incluyen en este plazo los sábados, domingos y feriados. Si el último día de un plazo es un sábado, un domingo o un feriado, el plazo concluirá al finalizar la última hora del día hábil siguiente (véase el Reglamento (CE, Euratom) nº 1182/71 del Consejo de 3 de junio de 1971*). Los feriados que se tendrá en cuenta serán los del Estado miembro en que esté situado el órgano jurisdiccional.

c. El presente requerimiento se expide atendiendo exclusivamente a la información facilitada por el demandante, que no ha sido verificada por el órgano jurisdiccional.

d. El presente requerimiento se hará ejecutivo a menos que se presente al órgano jurisdiccional escrito de oposición dentro del plazo indicado en la letra b).

e. En caso de que se presente escrito de oposición, el proceso continuará ante los órganos jurisdiccionales competentes del Estado miembro en que se ha expedido el presente requerimiento, conforme a las normas del procedimiento civil ordinario, a menos que el demandante haya solicitado expresamente que en tales circunstancias se ponga fin al proceso.

f. El interés es pagadero, con arreglo al Derecho nacional, hasta la fecha de ejecución del presente requerimiento, en cuyo caso se sumará al importe total que deba pagarse.

* DO L 124 de 8.6.1971, p. 1 (de, fr, it, nl)
Edición especial inglesa: Serie I Capítulo 1971(II), p. 354.
Edición especial griega: Capítulo 01 Volumen 1, p. 131.
Ediciones especial portuguesa y española: Capítulo 01 Volumen 1, p. 149.
Ediciones especiales finesa y sueca: Capítulo 1 Volumen 1, p. 71.
Ediciones especiales checa, estonia, húngara, letona, lituana, maltesa, polaca, eslovaca y eslovena: Capítulo 01 Volumen 1, p. 51.
Ediciones especiales búlgara y rumana: Capítulo 01 Volumen 01, p. 16.

3/3 Generado por el Portal Europeo de Justicia e-Justice

El formulario E le recuerda al demandado sus derechos y opciones, a saber, pagar al demandante el importe indicado en el requerimiento o presentar oposición al requerimiento mediante presentación de escrito de oposición ante el órgano jurisdiccional que lo haya expedido. También se informa al demandado de que el requerimiento se ha expedido atendiendo exclusivamente a la información facilitada por el demandante, que no ha sido verificada por el órgano jurisdiccional; que el requerimiento se hará ejecutivo, a menos que se presente ante el órgano jurisdiccional escrito de oposición y que, en caso de que se presente escrito de oposición, el proceso continuará ante los órganos jurisdiccionales competentes del Estado miembro en que se haya expedido, conforme a las normas del procedimiento civil ordinario, a menos que el demandante haya solicitado expresamente que en tales circunstancias se ponga fin al proceso. Si el demandante ha solicitado que se ponga fin al proceso, esta información no se enviará al demandado.

3.2.4.1.8. Expedición de un requerimiento europeo de pago - plazos

De conformidad con el artículo 12, apartado 1, si se cumplen los requisitos para solicitar un requerimiento europeo de pago, **el órgano jurisdiccional expedirá el requerimiento** lo antes posible y, como regla general, **en un plazo de 30 días a partir de la fecha de presentación de la petición**. El plazo de 30 días no comprenderá el tiempo empleado por el demandante para completar, rectificar o modificar la petición. El plazo arriba referido deberá calcularse con arreglo a lo dispuesto en el *Reglamento (CEE, Euratom) n.º* 1182/71 del Consejo, de 3 de junio de 1971, por el que se determinan las normas aplicables a los plazos, fechas y términos.

Un requerimiento europeo de pago no es definitivo desde el mismo momento en que se expide. En un requerimiento europeo de pago, se comunicará al demandado que puede optar por pagar al demandante el importe indicado en el requerimiento o bien oponerse al requerimiento mediante la presentación de un escrito de oposición ante el órgano jurisdiccional de origen. El escrito de oposición deberá enviarse en un plazo de 30 días desde la notificación del requerimiento al demandado o a los demandados. En virtud del artículo 12, apartado 4, letra b), **el requerimiento se hará ejecutivo a menos que el demandado presente un escrito de oposición ante el órgano jurisdiccional de origen**. El demandado deberá hacerlo en un **plazo de 30 días** desde la notificación del requerimiento.

3.2.4.1.9. Notificación al demandado

El requerimiento europeo de pago deberá notificarse al demandado de conformidad con el Derecho nacional del Estado miembro de origen. Sin embargo, dicho método **deberá cumplir los requisitos establecidos** como normas mínimas procesales en el Reglamento (artículos 13 a 15). De manera general, son posibles **dos tipos de notificaciones**:

Notificación con acuse de recibo por parte del deudor (artículo 13)

Los métodos de notificación con acuse de recibo se especifican en el artículo 13, que incluye una lista exhaustiva. A modo de resumen, dichos métodos permiten:

- Notificación personal con acuse de recibo firmado por el demandado.
- Declaración de la persona competente que haya realizado la notificación, en la que declare que el demandado recibió el documento o que se negó a recibirlo sin motivo legítimo.
- Notificación por correo acreditada mediante acuse de recibo firmado por el demandado.
- Notificación por medios electrónicos con acuse de recibo firmado por el demandado.

Notificación sin acuse de recibo por parte del deudor (artículo 14)

La notificación al deudor también podrá efectuarse mediante uno de los métodos sin acuse de recibo especificados en el artículo 14. Dichos métodos solo se podrán utilizar si se conoce con certeza el domicilio del demandado. Descartan cualquier forma de notificación ficticia (por ejemplo, «entrega al Ministerio Fiscal»).

Ambas notificaciones pueden utilizarse en relación con el representante del demandado.

A modo de resumen, dichos métodos permiten:

- Notificación en el domicilio del demandado a personas que vivan en la misma dirección que este o que estén empleadas en ese lugar. Si el demandado fuera trabajador por cuenta propia o una persona jurídica, la notificación también podrá efectuarse en el establecimiento comercial del demandado a personas empleadas por él.

En estos casos, deberá darse fe de la notificación:

- Mediante un acuse de recibo firmado por la persona que haya recibido la notificación; o
- Mediante un documento firmado por la persona que haya efectuado la notificación, en el que consten la forma utilizada para la notificación, la fecha de la notificación y el nombre de la persona que haya recibido la notificación y su relación con el demandado;
- Mediante depósito del requerimiento en el buzón del demandado o en una oficina de correo o ante las autoridades públicas competentes.

En los casos mencionados en el último punto, **deberá introducirse en el buzón del demandado una notificación escrita de dicho depósito**, indicando claramente el carácter judicial del escrito o el hecho de que tiene como efecto jurídico hacer efectiva la notificación y constituir la fecha de inicio del cómputo de los plazos correspondientes.

Deberá darse fe de la notificación mediante un documento firmado por la persona que haya efectuado la notificación, en el que consten la forma utilizada para la notificación, la fecha de la notificación y el nombre de la persona que haya recibido la notificación y su relación con el demandado.

- Notificación por correo sin acuse de recibo cuando el demandado esté domiciliado en el Estado miembro ante el que se haya presentado la petición.
- Por medios electrónicos con acuse de recibo acreditado mediante una confirmación automática de entrega, siempre que el demandado haya aceptado expresamente con anterioridad este medio de notificación.

3.2.4.1.10. Oposición al requerimiento europeo de pago

El demandado podrá presentar escrito de oposición al requerimiento europeo de pago, valiéndose del formulario F, de conformidad con el artículo 16 del RPME el cual se refiere a la oposición al requerimiento europeo de pago. El mismo establece en su apartado 1 que (para los casos en los que el demandado discuta la deuda cuyo pago se le reclama por medio del requerimiento europeo de pago, y quiere que este adquiera fuerza ejecutiva), *el demandado podrá presentar escrito de oposición al requerimiento europeo de pago ante el órgano jurisdiccional de origen, valiéndose del formulario F que figura en el anexo VI, que se le remitirá adjunto al requerimiento europeo de pago*.

El tribunal debe controlar la oposición del demandado, principalmente que se presente mediante escrito, dentro de plazo, firmado por el demandado o su representante, y que dicho escrito exprese con claridad la voluntad de oponerse, sin necesidad de motivar la oposición. **El demandado no está obligado a motivar su oposición.**

El escrito de oposición se enviará en un plazo de 30 días a partir de la notificación del requerimiento al demandado. Este plazo se calcula de conformidad con el Reglamento (CE) n.° 1182/71 del *Consejo por el que se determinan las normas aplicables a los plazos, fechas y términos* (D.O. CE 1971 L 124/1). En el cálculo del período no se cuenta la fecha de la notificación. Si el último día del plazo es un día feriado, un sábado o un domingo, el plazo concluirá al finalizar la última hora del día hábil siguiente.

De conformidad con el artículo 2, apartado 1, del *Reglamento (CE) n.°* 1182/71 del Consejo, solo se tendrán en cuenta los días feriados en el Estado miembro del órgano jurisdiccional que expida el requerimiento europeo de pago.

El escrito de oposición se presentará en papel o por cualquier otro medio de comunicación, incluido el soporte electrónico, aceptado por el Estado miembro de origen y disponible en el órgano jurisdiccional de origen. El representante del demandado también podrá presentar un escrito de oposición.

De conformidad con el artículo 17, apartado 1, en caso de que el demandado presente un escrito de oposición admisible, el proceso continuará ante los órganos jurisdiccionales competentes del Estado miembro de origen con arreglo a las normas del proceso civil ordinario, a menos que el demandante haya solicitado expresamente que, en dicho supuesto, se ponga fin al proceso.

En virtud del artículo 7, apartado 4, el demandante puede hacer esta solicitud en cualquier momento antes de que se expida el requerimiento europeo de pago. De conformidad con el artículo 17, apartado 2, el traslado al proceso civil ordinario se regirá por el Derecho del Estado miembro de origen. El Derecho nacional no prejuzgará en ningún caso la posición del demandante en ningún proceso civil ordinario ulterior.

Finalmente, el apartado 3 del artículo 17 del RPME indica *que el demandante será informado de la presentación del escrito de oposición por parte del demandado y de todo traslado al proceso civil ordinario*.

A continuación, se expone el **FORMULARIO F** en el proceso monitorio europeo:

Oposición a un requerimiento europeo de pago

Formulario F — Artículo 6.1 del Reglamento (CE) n.º1896/2006 del Parlamento Europeo y del Consejo por el que se establece un proceso monitorio europeo

1. Órgano jurisdiccional

Órgano jurisdiccional		
Dirección		
Código postal	Población	País Union Europea

Número de asunto (a rellenar por el órgano jurisdiccional)	
Recibido por el órgano jurisdiccional (día/mes/año) / /	
Firma y/o sello	

2. Partes y representantes de las mismas

Códigos: 01 Demandante; 02 Demandado; 03 Representante del demandante *; 04 Representante del demandado *; 05 Representante legal del demandante **; 06 Representante legal del demandado **

Código	Razón o denominación social		Código de identificación (si procede)	
	Apellidos		Nombre	
	Dirección	Código postal	Población	País
	Teléfono ***	Fax ***	E-mail ***	
	Profesión ***	Otros datos ***		
Código	Razón o denominación social		Código de identificación (si procede)	
	Apellidos		Nombre	
	Dirección	Código postal	Población	País
	Teléfono ***	Fax ***	E-mail ***	
	Profesión ***	Otros datos ***		
Código	Razón o denominación social		Código de identificación (si procede)	
	Apellidos		Nombre	
	Dirección	Código postal	Población	País
	Teléfono ***	Fax ***	E-mail ***	
	Profesión ***	Otros datos ***		

1/2

Generado por el Portal Europeo de Justicia e-Justice

Código	Razón o denominación social			Código de identificación (si procede)	
	Apellidos			Nombre	
	Dirección		Código postal	Población	País
	Teléfono ***	Fax ***		E-mail ***	
	Profesión ***		Otros datos ***		
* p.e., abogado		** p.e., padre, tutor, director general		*** facultativo	

Presento escrito de oposición al requerimiento europeo de pago expedido el

/ /

Razón o denominación social	Apellidos	Nombre
Lugar	Fecha (día/mes/año)	Firma y/o sello

2/2 Generado por el Portal Europeo de Justicia e-Justice

3.2.4.2. Ejecución del requerimiento

Para la ejecución de un requerimiento europeo de pago, el artículo 21 del RPME, señala que se rige por el Derecho del Estado miembro de ejecución, aunque han de tenerse en cuenta una serie de reglas mínimas que sobre dicha ejecución establece el RPME, siendo estas, en concreto: lo señalado por el propio artículo 21, lo establecido en el artículo 19 (supresión del exequátur), en el artículo 22 (denegación de la ejecución) y 23 (suspensión o limitación de la ejecución). El artículo 21 del RPME, también determina los documentos que deben presentarse para solicitar la ejecución en un Estado miembro distinto del de origen: *a) una copia del requerimiento europeo de pago, declarado ejecutivo por el órgano jurisdiccional de origen, que cumpla las condiciones necesarias para determinar su autenticidad*.

Si en el plazo establecido de 30 días no se ha presentado ningún escrito de oposición, el requerimiento europeo de pago se declarará ejecutivo, siempre que el órgano jurisdiccional conceda un período de tiempo apropiado para la recepción del escrito de oposición.

El órgano jurisdiccional se valdrá del **formulario G** para declarar ejecutivo el requerimiento europeo de pago y se lo enviará al demandante.

A continuación, se expone el **FORMULARIO G** en el proceso monitorio europeo:

Declaración de ejecutividad

Formulario G

Artículo 18.1 del Reglamento (CE) n.º1896/2006 del Parlamento Europeo y del Consejo por el que se establece un proceso monitorio europeo

1. Órgano jurisdiccional

Órgano jurisdiccional		
Dirección		
Código postal	Población	País
		Union Europea

Número de asunto	
Lugar	Fecha (día/mes/año)
Firma y/o sello	

2. Partes y representantes de las mismas

Códigos: 01 Demandante; 02 Demandado; 03 Representante del demandante *; 04 Representante del demandado *; 05 Representante legal del demandante **; 06 Representante legal del demandado **

Código	Razón o denominación social		Código de identificación (si procede)	
	Apellidos		Nombre	
	Dirección	Código postal	Población	País
	Teléfono ***	Fax ***	E-mail ***	
	Profesión ***	Otros datos ***		

Código	Razón o denominación social		Código de identificación (si procede)	
	Apellidos		Nombre	
	Dirección	Código postal	Población	País
	Teléfono ***	Fax ***	E-mail ***	
	Profesión ***	Otros datos ***		

Código	Razón o denominación social		Código de identificación (si procede)	
	Apellidos		Nombre	
	Dirección	Código postal	Población	País
	Teléfono ***	Fax ***	E-mail ***	
	Profesión ***	Otros datos ***		

1/2

Generado por el Portal Europeo de Justicia e-Justice

Código	Razón o denominación social			Código de identificación (si procede)	
	Apellidos			Nombre	
	Dirección		Código postal	Población	País
	Teléfono ***	Fax ***		E-mail ***	
	Profesión ***		Otros datos ***		

* p.e., abogado ** p.e., padre, tutor, director general *** facultativo

Por la presente el órgano jurisdiccional declara que el requerimiento europeo de pago adjunto, expedido el

/ /

contra

y notificado el

/ /

,tiene fuerza ejecutiva de conformidad con el artículo 18 del Reglamento (CE) nº 1896 /2006.

Información importante

El presente requerimiento europeo de pago será ejecutivo automáticamente en todos los Estados miembros de la Unión Europea, con excepción de Dinamarca, sin necesidad de declaración adicional de ejecutividad en el Estado miembro en el que se solicita la ejecución y sin que sea posible oponerse a su reconocimiento. Los procedimientos de ejecución se regirán por el Derecho del Estado miembro de ejecución, salvo en los supuestos en que el Reglamento disponga otra cosa.

2/2 Generado por el Portal Europeo de Justicia e-Justice

De conformidad con el artículo 18 del RPME, apartado 2, los requisitos formales de ejecución se regirán por el Derecho del Estado miembro de origen. **Un requerimiento europeo de pago que haya adquirido fuerza ejecutiva en el Estado miembro de origen será reconocido y ejecutado en los demás Estados miembros sin que se requiera ninguna declaración de ejecución** y sin posibilidad alguna de impugnar su reconocimiento. La ejecución solo puede denegarse con arreglo a lo dispuesto en el artículo 22 del RPEM.

3.2.4.3. Recursos posibles y defensa de las partes

Las posibilidades de actuación del demandante si la petición de requerimiento europeo de pago está incompleta, contiene errores, requiere modificación o es rechazada son las siguientes:

a) Posibilidades de actuación del demandante si la petición de requerimiento europeo de pago está incompleta o contiene errores, *artículo 9* del RPME. En caso de que la petición de requerimiento europeo de pago no cumpla los requisitos establecidos en el *artículo 7*, es decir, si está incompleta o contiene errores, el órgano jurisdiccional concederá al demandante la posibilidad de completar o rectificar la petición *(artículo 9.1)*, utilizando al efecto el formulario B que figura en el anexo II. El órgano jurisdiccional pedirá al demandante que complete o rectifique la petición, dentro de un plazo de tiempo adecuado a las circunstancias *(artículo 9.2)*. Esta disposición no se aplicará si la petición es manifiestamente infundada o inadmisible.

b) Posibilidades de actuación del demandante si los requisitos de un requerimiento europeo de pago se cumplen solo respecto de una parte de la petición *(artículo 10 del RPME)*. Si los requisitos de un requerimiento europeo de pago *(artículo 7 del RPME)* se cumplen solo respecto de una parte de la petición, el órgano jurisdiccional informará de ello al demandante valiéndose del formulario C, que figura en el anexo III, e invitará al demandante a aceptar o rechazar una propuesta de requerimiento europeo de pago por el importe que especifique el órgano jurisdiccional. El demandante responderá devolviendo el formulario C en el plazo que haya especificado el órgano jurisdiccional *(artículo 9. 2 RPME)*. Si el demandante acepta la propuesta del órgano jurisdiccional, este expedirá un requerimiento europeo de pago *(artículo 12)* respecto de la parte de la petición aceptada por el demandante. Las consecuencias con respecto a la parte restante del crédito se regularán con arreglo al Derecho nacional *(artículo 10.2)*. Si el demandante no envía su respuesta en el plazo especificado por el órgano jurisdiccional o rechaza la propuesta de este, dicho órgano desestimará íntegramente la petición. Si el demandante no acepta la propuesta del órgano jurisdiccional, podrá optar por retirar su petición y proseguir con el asunto con arreglo a las normas del proceso civil ordinario.

c) Posibilidades de actuación del demandante si la petición de requerimiento europeo de pago es desestimada *(artículo 11)*. Contra la denegación de expedición de un requerimiento europeo de pago no cabe recurso alguno. La desestimación de la petición no obstará para que el demandante prosiga con su demanda mediante una nueva petición de requerimiento europeo de pago o por cualquier otro proceso establecido con arreglo al Derecho de un Estado miembro *(artículo 11)*.

3.2.4.4. Posibilidades de actuación del deudor en el Estado miembro de origen en caso de expedición de un proceso monitorio europeo

a) Presentación de escrito de oposición en el Estado miembro de origen (artículo 16 RPME)

En un plazo de 30 días desde la notificación del requerimiento, el demandado puede presentar un escrito de oposición al requerimiento europeo de pago ante el órgano jurisdiccional de origen valiéndose del **formulario** F que figura en el anexo VI. En caso de que se presente un escrito de oposición dentro del plazo de 30 días *(artículo 16. 2)*, el proceso continuará ante los órganos jurisdiccionales competentes del Estado miembro de origen con arreglo a las normas del proceso civil ordinario, a menos que el demandante haya solicitado expresamente que se ponga fin al proceso.

b) Revisión en casos excepcionales en el Estado miembro de origen (artículo 20.1 RPME)

Tras la **expiración del plazo de 30 días** para presentar un escrito de oposición, el demandado tendrá derecho a solicitar al órgano jurisdiccional competente del Estado miembro de origen la revisión del requerimiento europeo de pago cuando concurran las siguientes circunstancias:

1. El requerimiento de pago se haya notificado mediante una de las formas establecidas en el artículo 14, es decir, sin acuse de recibo por parte del demandado, y la notificación no se haya efectuado con la suficiente antelación para permitirle organizar su defensa, sin que pueda imputársele responsabilidad por ello, o
2. El demandado no haya podido impugnar el crédito por razones de fuerza mayor o debido a circunstancias extraordinarias ajenas a su responsabilidad, siempre que en ambos casos actúe con prontitud.

c) Revisión en el Estado miembro de origen cuando el requerimiento europeo de pago se haya expedido de forma errónea (artículo 20.2).

Tras la expiración del plazo de 30 días para presentar un escrito de oposición, el demandado tendrá derecho a solicitar al órgano jurisdiccional competente del Estado miembro de origen la revisión del requerimiento europeo de pago cuando dicho requerimiento se haya expedido de forma manifiestamente errónea, habida cuenta de los requisitos establecidos en el Reglamento, o por cualquier otra circunstancia de carácter excepcional.

3.2.4.5. Reconocimiento y ejecución de los requerimientos europeos de pago en otros estados miembros.

Un requerimiento europeo de pago que haya adquirido fuerza ejecutiva en el Estado miembro de origen, es decir, en el Estado miembro en el que ha sido expedido, **tiene también fuerza ejecutiva en cualquier otro Estado miembro**, sin que se requiera ninguna declaración de ejecución (exequátur) en el Estado miembro de ejecución. Las autoridades del Estado miembro de ejecución no podrán revisar las circunstancias o los procedimientos que hayan dado lugar a la expedición del requerimiento, salvo en las situaciones previstas en los artículos 22 y 23. El requerimiento no podrá ser objeto de revisión en cuanto al fondo en el Estado miembro de ejecución.

El procedimiento de ejecución se regirá por el Derecho del Estado miembro de ejecución, sin perjuicio de lo dispuesto en el Reglamento.

3.2.4.5.1. Presentación de una petición de ejecución

El demandante deberá solicitar la ejecución al órgano jurisdiccional o a la autoridad competentes para la ejecución en el Estado miembro donde deba ejecutarse. Estas autoridades son diferentes de un Estado miembro a otro. Los datos de los órganos jurisdiccionales y autoridades competentes se pueden encontrar en las páginas de la Red Judicial Europea en materia civil y mercantil del portal europeo de justicia en red.

El demandante deberá proporcionar al órgano jurisdiccional o autoridad competente una copia del requerimiento declarado ejecutivo por el órgano jurisdiccional de origen, que cumpla las condiciones necesarias para determinar su autenticidad, y una declaración de ejecutividad **(formulario G)**.

3.2.4.5.2. Traducción

Se podrá pedir al demandante que proporcione una copia del requerimiento europeo de pago en una lengua diferente de la utilizada en el órgano jurisdiccional de origen. Por regla general, el requerimiento europeo de pago deberá facilitarse en la lengua oficial, o en una de las lenguas oficiales, del Estado miembro de ejecución, salvo si dicho Estado miembro ha indicado que aceptará requerimientos en otra lengua oficial o en otras lenguas oficiales de la Unión Europea. Los detalles de las lenguas aceptadas en cada Estado miembro pueden consultarse en el Atlas Judicial Europeo. Al comprobar los datos, el demandante también deberá tener presente que, en los Estados miembros en los que haya más de una lengua oficial, puede ser necesario facilitar una traducción a la lengua especificada para una parte o una región concreta de dicho Estado miembro. La traducción será certificada por una persona cualificada al efecto en uno de los Estados miembros.

3.2.4.5.3. Denegación de ejecución en circunstancias excepcionales

El demandante puede llevar a cabo las acciones siguientes en el Estado miembro de ejecución, si bien dichas posibilidades no podrán nunca dar lugar a una revisión en cuanto al fondo del requerimiento europeo de pago en el Estado miembro de ejecución.

Denegación de ejecución (artículo 22 del RPME)

El demandado tiene la posibilidad de solicitar la denegación de la ejecución *(artículo 22)* si el requerimiento es incompatible con una resolución o un requerimiento dictados con anterioridad en cualquier otro Estado miembro o en un tercer país, siempre que:

- La resolución o el requerimiento anteriores tengan el mismo objeto y se refieran a las mismas partes; y
- La resolución o el requerimiento anteriores cumplan las condiciones necesarias para ser reconocida en el Estado miembro de ejecución; y
- La incompatibilidad no haya podido alegarse durante el procedimiento judicial en el Estado miembro de origen.

La ejecución se denegará, a instancia del demandado, cuando este haya pagado al demandante el importe fijado en el requerimiento europeo de pago y en la medida en que lo haya pagado.

Suspensión o limitación de la ejecución (artículo 23 del RPME)

El demandado podrá solicitar una suspensión o limitación de la ejecución del requerimiento europeo de pago *(artículo 23)* en caso de que el demandado hubiera solicitado la revisión con arreglo al *artículo 20*.

En tal caso, el órgano jurisdiccional competente en el Estado miembro de ejecución podrá:

- Limitar el procedimiento de ejecución a medidas cautelares; o
- Subordinar la ejecución a la constitución de una garantía que determinará dicho órgano jurisdiccional competente; o
- En circunstancias excepcionales, suspender el procedimiento de ejecución.

BIBLIOGRAFÍA CONSULTADA

Gascón Inchausti, F., «La e-justicia en la Unión Europea: balance de situación y planes para el futuro (en diciembre de 2009)», en *Presente y futuro de la e-Justicia en España y en la Unión Europea*, editorial Aranzadi Thomson Reuters, Cizur Menor, 2010.

Domínguez Ruiz, L., «La reforma de los procesos europeos de escasa cuantía y monitorio: Reglamento (UE) 2015/2421, de 16 de diciembre de 2015», *Revista española de Derecho europeo*, n.º 59, 2016.

Espiniella Menéndez, A., «La reforma de los procesos europeos monitorio y de escasa cuantía», *Diario La Ley Unión Europea*, n.º 33, 2016.

Gómez Amigo, L., *Derecho procesal civil europeo. Volumen III. Tutela judicial del crédito en la Unión Europea*, Aranzadi, Thomson Reuters, Cizur Menor, 2011.

Domínguez Ruiz, L., *Reclamación de deudas transfronterizas*, Aranzadi, Thomson Reuters, Cizur Menor, 2013.

Martín González, M., «Cambios Introducidos en el Proceso Europeo de Escasa Cuantía y en el Monitorio Europeo», disponible en: http://www.gmprocura.com/proceso-europeo-escasa-cuantia-monitorio-

Ortega Giménez, A., *Código Universitario de Derecho Internacional Privado. Tomos I y II*, Boletín Oficial del Estado, Madrid, 2023.

Ortega Giménez, A., (Dir.), *Derecho internacional privado. Materiales para su estudio,* Editorial Jurídica Sepín, Las Rozas, Madrid, 2023.

Ortega Giménez, A., *El procedimiento monitorio europeo y el de escasa cuantía europeo*, Editorial Tirant lo Blanch, Valencia, 2022.

Ortega Giménez, A., **Ortiz Heredia**, P. y **Mollá Pellicer**, I., *Empresa y reclamación de deudas internacionales*, Editorial Thomson Reuters Aranzadi, Cizur Menor (Navarra), 2018.

Silvosa Tallón, J. M., «El proceso europeo de escasa cuantía», disponible en: http://noticias.juridicas.com/conocimiento/articulos-doctrinales/4373/

Cód. 10

Made in the USA
Monee, IL
04 November 2026

67377591R00083